U0060623

用熱情造就
心中那所教育森林

Building a forest of education
of which I've been dreaming with passion.

黃昱鈞／著
David Huang

推薦序 1

　　時光飛逝，退休迄今也近八年了！就在 2023 年農曆過年間的一個午後，昱鈞老師專程跑到我鄉下的老宅，如數家珍地與我聊著當年我們在柳林國小共事時發生於教學現場的點滴以及當時發生的諸多趣事，也向我提到他即將出版的《用熱情造就心中那片教育森林》一書，更請我替他寫篇推薦序文！我頗感榮幸，卻也苦於文筆拙樸，無法述備於萬一！

　　民國 100 年，我在嘉義縣水上鄉柳林國小擔任校長，昱鈞是當時英語課程的兼課老師，他對英語教學有著深刻的理解和獨特的見解。當年，他更開創了一個從未有過的先例，竟然告訴學生他來自香港，不會說中文，試圖營造一個全英文的授課環境給柳林國小的孩子們，這樣的起頭，讓許多家長紛紛打電話到學校抗議，抗議學校聘來了一位不會說中文的英文老師。

　　隨後，經過我的了解並帶著學校主任們到班上去觀摩他上課後，我不僅沒反對，我還大力支持昱鈞老師繼續用全英文的教法堅持下去，回想當年，我可是幫他擋下諸多來自於家長的抗議啊！我自己深知英語的學習情境養成不易，難得聘來一個有辦法用全英文授課的老師，當然要相挺到底！果然，這樣的堅持，讓昱鈞老師當時所任教的所有年級，全都養成聽英文，講英文的習慣，而且一做就是兩年的時間，當時，連我這個當校長的想要和昱鈞老師講話、聊個兩句，都得趁沒有學生在場才敢用中文與他對談，深怕壞了這個苦心經營的全英文大局！

　　這本書的核心理念是：為師者，透過對教學的熱情和感動，我們皆可在心中種下一片教育森林，讓每個學生都能夠茁壯成長，實現自我價值。書中，作者也引出了一個英語學習的重要觀念，即

「用歡笑與熱情打造英語教學的情境」，這個觀念更體現了英語教育所需的多元化和趣味性。在英語教育的歡樂情境中，讓每個學生都可以自由探索，實現自我價值，而教育工作者的任務就是要發掘學生的潛力，引導他們走向成功的道路。

　　書中所寫的內容很多是教學現場師生之間互動的精彩片段，從英語教育的本質，到英語教育的目標，再到如何培養與評量學生的英語能力，都有昱鈞老師的反思與回饋在其中，這些內容不僅是英語教育工作者值得深思，同時也對學生、家長以及社會大眾都具有不同層面的啟發意義。

　　總之，這是一本充滿熱情與智慧的英語教學分享著作，相信會對教育工作者、學生、家長、教育行政人員乃至社會大眾帶來一份感動亦能從中受益。

前嘉義縣柳林國小校長

李永譯

推薦序 2

　　教育不僅關乎未來，關係孩子的健康成長，更長遠的來看，甚至關係社會的良性運轉。常說，教育是「良心事業」，無論是教學品質、知識傳授、爲人處事，教師皆須本諸良心、自我要求。

　　都會地區，孩子受到父母的關注，文化刺激多，加上同儕間的競爭，孩童求學意願與動機，遠比鄉下孩子強烈。

　　英語學習方面，在臺灣，學生往往花了十幾年時間學習英語，然而，大環境缺乏英語使用情境，以致於學了十年甚至更久，在他人面前始終不敢且羞於開口說，都會孩子都如此了，偏鄉孩子更是遠遠不如。

　　九零年代，國小的英語教育，處於萌芽階段，英語教師更是嚴重的不足。相逢自是有緣，學校招考英語代理教師，而昱鈞老師就在陰錯陽差之下，成了誤闖教育叢林的大白兔，在偏鄉的國小教育殿堂，開啟了一段深具挑戰，但極有意義的人生階段。

　　全英教學的理念趨使，昱鈞老師提出了佯裝「香港人」不懂國語之說。無奈「包班制」的國小，使得「全英教學」的雄心壯志不得伸展。然而，窮則變、變則通，見招拆招的大白兔昱鈞老師，巧妙的利用「早餐約會」，陪伴孩子看英語、學英語，並經由討論、分享，學習相關且實用的英語，使得偏鄉小白兔們不退縮、不畏懼學習英語，且能津津樂道的討論學習，利用時機進行機會教育，知悉孩子的想法及需求，並適時提出修正，改善孩子的錯誤觀念，實爲一大巧思。

　　條條大路通羅馬，昱鈞老師更是使出了渾身招數，實施另類教學之外，更是往國高中母校──馳名全國實施全英教學的協同中學搬救兵，我們除了感謝昱鈞老師的用心之外，也誠摯的感謝協同中

學及時救援，不吝伸出援手，派出大量人力鼎力相助，協助偏鄉的松山國小，讓孩子們經常沉浸，並體驗全然不同的人、事、物與情境教學，想必在孩子身上必定留下極為深刻的印象及帶來嶄新的思維。

文中不同篇幅中提到的小竣、小鐘，兩位皆是轉移戶籍而選擇就讀松山，而雙方家長皆是熱心教育，在工作之餘，更全心投入支持及協助學校各項事務。小竣父母皆是上班族，孩子在雙親無微不至的照顧及較嚴謹的標準下，兄妹二人表現極為優異；而小鐘父母皆是從商，採取順勢而為、適性發展的作法，一切站在建議、協助、輔導的方式運作，姐弟兩人的表現亦極為傑出，誠如昱鈞老師所提，小竣目前就讀醫學院牙醫系，而小鐘出國留學，目前在加拿大魁北克讀研究所，選擇的是文史類科。

昱鈞老師後來雖轉戰高中及社大任教，但身為校長的我，由衷感謝他在松山兢兢業業耕耘播種，不斷思索、突破，主動積極的爭取讓孩子能有不同面向學習的契機，他不但以讚美方式細說寶貝們的點點滴滴，更持續聯絡並追蹤每個寶貝的後續進展，他不僅具備了童心且始終不忘教育的「初心」，誠屬用心及難能可貴。

再度說聲：昱鈞老師，感謝您對松山、對孩子們的用心及付出，感謝您無私的心照亮偏鄉孩童，松山國小及寶貝孩子們曾經有您，真棒！

前嘉義縣松山國小校長

李清月

推薦序 3

　　英語做為世界共通的語言之一，全球大約有 60 多個國家作為官方語言，也將近有 20 億人口說英文。因此，英文一直是台灣學校教育的必修科目之一，筆者的年代國中才開始學英文，但現在自國小三年級就開始學習，上了高中和大學也得大量使用英文作為學習語言，尤其，自 2017 年政府提出「2030 雙語國家政策發展藍圖」，要「提升國家競爭力」、「厚植國人英語力」，英語的教與學，自然而然成為老師和學生心中一個永遠不能鬆懈的學科。

　　然而，要怎麼學好英文？正規教育的老師又應如何從事英文教學，以提升學習成效，一直是備受關注的議題。長期以來，台灣學生的英文學習，在聽、說、讀、寫四個項目上，以說和寫較弱。主要是因為在台灣的英語教育中，缺乏實際口語練習的機會和環境。此外，學生也較少接觸英語原聲資源，導致在語音、對話能力相對較弱。再者，沒有外在應用的環境，英文學了，若無用武之地，學生自然不會有高學習動機，甚至，流為考試科目。種種在英語教學上的困境與挑戰，應是所有從事英語教學教師心中共同的痛點。而這也是本書作者寫書的起點。

　　我們可以在本書中，看見作者如何憑藉著對於教育的熱情與活力，活化教學現場，化解與克服可能是結構上的、環境上的、或學習者個人的阻礙因素。例如，作者為了讓學生可以「用英語思考英語」，佯裝自己是香港人，不會說國語，也聽不懂國語，讓學生一定要說英語才能溝通，甚至還引起家長誤解，目的就是為了營造沈浸式的學習環境；同時，為引起學習動機，不斷思索與改變教學方法，感動了學生，讓學生也想成為像他一樣的老師；甚至在偏鄉、或教育資源不足的現場，即使學生對學科沒興趣，但仍發揮人師的

角色，不放棄每一個孩子。除了正規教育，作者也跨足非正規教育的教學，不論是職場的工作者、社區大學學員，或甚至是樂齡族，都可以看到作者如何轉換教學思維，回應成人教育學強調對成人學習者特性的掌握，以設計出的有用、有趣的教學。

　　作者有 24 年英語教學的經驗，雖非來自師範體系，但卻對英語教學，有著以學生爲中心，以人爲本的教育觀。其將教學現場的經歷轉化成每一篇勵志的小故事，每則故事都有引人入勝的情境和活靈活現的人物，閱讀過程中，能隨著故事情節時而緊張、時而期待，故事的尾聲，都能令人莞爾的會心一笑。相信能讓同是從事英語教學的老師、關心孩子英語學習的家長，從每則故事中，獲得滿滿的熱情與能量，一同與作者來創造心中那片教育森林。

國立中正大學教育學院副院長

成人及繼續教育學系教授兼系主任

推薦序 4

是一通誠懇而謙遜的來電。

David：「彥翰執行長您好，冒昧打擾，景仰陳爸與您對偏鄉教育的所爲，想前往台東與您相談、學習，也想和您分享陳爸生前給予我的力量。爲此我寫了本書，想請您過目並確認……」

年齡稍長於我，卻已有二十來年的教育經驗，於教育專業上是個前輩，卻以謙遜姿態與我相約、分享。很是佩服而感激的，尤其是對於分享老爸故事予我的這部分，面對老爸對自己的愛，又再如迴旋鏢一般回到自己身上，是激動的。

「感動自己，影響他人」一直是孩子的書屋最核心的教育理念。昱鈞老師跳脫傳統框架，不以分數定義學生價值，便是每個教育者所當爲。而他年紀輕輕便以此爲本，在澄澈的視角裡四處接觸教育深耕者，並以自己的經驗融合實踐於幼教、中小學及高等教育，甚至成人、高齡教育後，匯聚而成今天這本《用熱情造就心中那片教育森林》，彥翰收穫滿滿！對陪伴、對教育、對人生有熱情的人，都該一起看看這本著作。

願真心對待受教者如昱鈞老師般的陪伴者們，熱情永不消退，一個接著一個地接踵而至，前人離去、後人接棒，春風化雨，讓這片土地的真心相待，十年成樹、百年成林。

孩子的書屋董事長暨執行長

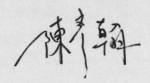

推薦序5

　　我跟昱鈞的認識，來自於一封投書飯店的抱怨信。

　　當時的昱鈞還是大學生，負責籌備系上的謝師宴，因聯繫上的誤會，導致我們加盟的台南大億麗緻酒店場地安排不符需求，加上飯店並沒有及時妥善處理，讓身為主辦人的他備受委屈。

　　當這封 email 輾轉來到我手上時，已是隔天早上九點，我從他充滿情緒及措辭強烈的信件中，得知他是我的讀者，是因為認同我們的服務理念而安排在我們的系統飯店，顯然這方面讓他失望了，而這封信又是前晚凌晨寄出的，我想像他一定是為了籌備活動煞費苦心，卻因搞砸而氣憤難眠。於是我刻意等到中午後再親自打電話，除了向他表達歉意之外，也肯定他是一位充滿熱忱、願意把事情做好的年輕人，並且希望不要讓這樣的挫折，成為他踏入社會的第一步，電話的最後，我承諾他若有機會到台北，我期待能跟他見個面。

　　至此，一封抱怨信讓我們成為了忘年之交。我們偶爾會在不同的場合見到面，也會順便吃個飯，昱鈞不時會來信與我分享生活與工作上的點滴，而其中讓我印象深刻的是，他分享了在當替代役時，他不視自己的職位為限制，反而為了改善同仁工作上的負面環境，主動提出流程的調整，這個舉動讓他獲得了長官及服務對象的肯定，也成為同仁們口中的「金牌替代役」。我在 2008 年出版的《做自己與別人生命中的天使》一書中收錄了他這段歷程，藉此鼓勵新一代的青年讀者。

　　隨著時光飛逝，雖然我和他的工作都各自有了不同的變動，但昱鈞始終會利用書信讓我知道他每段工作與生活的轉折、挫折等心路歷程。在這之中，他分享到對英語教學的熱誠，卻因為沒有考到

正式的教師資格，所以只能以代課老師的身份游移在不同的國小、高中、補習班、社區大學之間，但也因爲如此，他在 20 年間的教授對象，橫跨了幼兒到成人，飽經了難能可貴的教學經驗。

當我拿到《用熱情造就心中那片教育森林》的書稿時，對裡頭敍述的故事毫不陌生，也再次感嘆他遇到種種挫折未被打敗、永遠用活潑的方式引導學生、總能在不同階段使用不同手段，讓學生在實用的基礎上對英語產生興趣的堅持。

無獨有偶地，在過去的十多年間，我也踏入了台東的偏鄉教育改革之路，對昱鈞的際遇更是感同身受。雖然隨著科技的進步，或多或少，我們的工作會被人工智慧所取代，但相反地，科技像是潘朵拉的盒子，在淡化人與人的距離和情感的同時，更會凸顯教育的不可取代之處並非知識，而是開啟每一個人心中對人、對教育的熱情。

我期盼昱鈞用無限熱情所造就的教育森林，能從這部著作出版後，快速成長、擴散。

公益平台文化基金會董事長

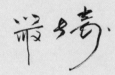

前言

教育的目的，不是為了讓學生盲目的追求考卷帳面上的數字
英語教育的目的，更不是為了複製出更多考試機器及說英語的啞巴
教育也更不應該是社會 M 型化學習的縮影

我並非出自師範體系、更非頂尖名校畢業的學生

但我卻在偶然的機會下，踏進了英語教學的世界
我的英語學習經驗，給了我開口說英語的環境與機會
讓我懂得「用」英語，而非只是會「考」英語
我用最貼近母語的教授方式教會學生「說」英語
只要學生敢開口說英語，哪怕是考試考不及格，
在我心中都是一百分
分數對我而言只是數字，並不具備或代表任何意義

我在大學選修班導師的日語課程，因為老師知道我沒有考筆試
的天分，特別讓我用口試來代替筆試，這樣因材施教的結果，不僅
沒有打擊我對日語的興趣，反倒是讓我去日本旅遊時，善用日語從
第一天到最後一天。

曾經在補習班上課時，為了讓學生可以「用英語思考英語」，
我使了點小手段，編輯一套善意的故事，告訴學生我是香港人，不
會說國語，也聽不懂國語，目的只是希望他們可以不要依賴國語，
可以開口和我說英語，即使初期不能得到某位家長的認同，認為找

了一個不會說國語的老師，來教她的小孩英語，我依然堅持初衷。

　　一個旁人眼裡看似無聊的堅持，卻讓補習班老闆、學校校長皆遭受批評，爲了幫補習班解除困擾，我立即聯絡家長並用「國語」解釋、說明我教學的初衷與理想，家長聽後不僅立即釋懷，更是認同的傾全力支持下去，還告訴我一定要堅持這樣的教法，她也會陪我一同「演」下去。

　　經過一段時間後再與家長聯繫，得到了家長的肯定與感謝，她告訴我，學生現在與哥哥一起聽《大家說英語》時，竟然可以不靠雜誌就聽懂其中的內容，就連在遊樂場遇到外國人，都是由我這個學生主動開口與老外聊天的，這樣大幅的進步，更是她當初始料未及的。

　　我的教學生涯，從擔任國小英語代課教師的期間，我也如法炮製的運用全英語上課，一開始也是無法獲得家長的認同，更讓校長接獲許多家長的投訴電話，初期校長也很難認同全英語的上課方式，經過我向校長解釋說明過後，校長便親自帶著教務主任一同來「旁聽」我這個假香港人的課，結果校長不只沒修正我上課的方式，更希望我能依照此方法繼續下去，家長的部分也會替我作解釋說明，讓我放心大膽的教下去。教務主任在我的拜託下，利用開教師晨會時，將我這想法告訴全校老師，並請全校老師陪同演戲，會議之後，我與學校老師的互動就只剩下「眼神的交會」與「傳紙條」了。

　　在全校這樣的無條件支持下，無疑地給了我最大的後盾，讓我能盡一點點綿薄之力，試著做出與學生們過往學習的經驗，有著不

同的改變。

一份英語教學工作從 1999 年開始，至今已經進入第 24 個年頭了，在英語補習教育的領域，也有近 12 年的英語教學經驗。曾經有幸因甄試（長期代理英語教師）職缺的機會，踏進了國民義務教育這一環，隨後又進到了高中，與熱血的高中生相處七年的難忘時光，進而在成人教育的英語教學，更是現階段自己所著墨最深的地方，回首過往的教學，讓我對英語教學乃至教育有著一份不同的衝擊，也激盪出許多火花。

在這一段時間裡……

我看見了偏鄉資源的不足、也體會家庭教育的重要
感受到教育的 M 型化甚至是極端化
也更體悟了成人教育與終身學習的迫切性

曾經在補習教育亦或是菁英教育的環境下，任教近 12 年後，讓我有機會接觸到一間全校不到 100 人的偏鄉學校，令我這長期居住於都市的老師，有機會到偏鄉去體會截然不同的教學環境。

也感謝雲林縣義峰高中的學生們，讓我在他們身上看見許多出身處於逆境的堅韌與不服輸的性格，雖說讀書並非他們最愛的選項，但懂得做人處事，我想比起會唸書來得更趨重要了。

一群我所尊敬的「大」學生，讓我對成人教育燃起了滿腔熱血，我在他們身上看到謙卑與好學不倦，更砥礪自己必須得亦步亦趨的，做好每一次的教學工作，才不枉他們如此般的信賴與支持。

我衷心盼望爲人師的您，可以看見每個學生與生俱來的特質與亮點，哪怕這亮點如燭光般微弱，都有可能是讓學生未來發光與發亮的火種。

　　這本書，願與每一位從事教職或在偏鄉地區奉獻的教育工作者們分享，希望每一位閱讀過此書的「您」可以因爲這本書，對您的學生乃至於弱勢的孩童有更多的關懷與付出，更希望能與您一同找回對教育的熱情與最初的感動，讓我們一起用熱情造就心中那片教育森林！

自序

　　我是一個極度厭惡考試，對考試恨之入骨的老師，因爲從來沒有拿過考試的第一名，考一百分的次數呢？我五支手指頭就可以算完了，比較多的錯誤往往是粗心大意造成的，就連國小考試時都可以粗心到把「吃飯前要先洗手」這種人人皆知的答案圈選成「吃飯前要先洗頭」，我的磁場好像跟考試就是不合。

　　我的父母親，從來沒因爲我考不好、或考不到第一名而處罰過我，但總免不了的會嘮叨個幾句，畢竟天底下父母都有著「望子成龍、望女成鳳」的期待，所以，哪有不嘮叨的呢？但只要犯了錯，能用的工具包括：藤條、木棍、衣架，能請的都給請出來了，再來個女子單打或男子單打，所以我也是在體罰年代長大的呀！同樣在台灣成長，都經過體罰的洗禮，我也沒有身體受創或心靈受傷，反而還更加茁壯，怎麼現在這年頭教個學生，不能打、不能罵，就連唸學生個幾句都要飽受113的威脅！

　　因爲父母親的不嘮叨，讓我在求學的路上適性的發展，學習得相當優游自在，父母親總是耳提面命的告訴我，「會做事情比唸書重要太多」，從不在意我到底學了什麼，也不會限制扼殺我的興趣。只要我有興趣的，都會放手讓我去學習、摸索，更不會因爲考試考不好，就阻擋我學習我有興趣的東西。我是一個非常厭惡考試制度的人，所以當我有幸碰觸到教育時，我就告訴自己絕對不要當愛考試的老師，更不能給學生任何分數上的壓力，分數在我的眼裡就是數字，不具任何意義，心與態度才是學習的重點。

這年頭當老師真的很辛苦，或許應該說是「可憐」吧！

學生不能打，打了會被告。
學生不能罵，因為會讓幼小的玻璃心受到創傷。
學生不能唸，因為學生會告你言語霸凌，要打 113 婦幼保護專線。
學生不能罰，站久了說會影響發育，叫他抄寫說會妨礙手臂或造成
關節炎，罰他勞動服務說會影響課程的學習。
學生若被打，老師吃不完兜著走。
老師若被打，自認倒楣。
老師若反抗，會被學生反蒐證並上傳至網路供大眾欣賞。
老師下了課，晚上十點之前不能拒接家長的電話，否則會上新聞。

做人難，做老師，更難！

曾幾何時老師變得如此不堪，沒有倫理道德，連最基本的尊
師重道都消失殆盡，不只啞巴吃黃蓮有苦說不出，甚至苦到懷疑人
生。當初的滿腔熱血、理想抱負，擠破頭想踏入教職的老師們，也
都被上述的現實因素，把熱情的初心消磨殆盡了，因為我當了老師
之後，還得被人質疑甚至冷嘲熱諷的問我說……

「當老師一個月是能賺多少錢？」

當然，在各行各業看慣了「大錢」，隨便一筆入帳動輒幾十
萬，有時甚至是億來億去的，再看看教育是屬心要大、口袋淺的行
業，一個月也不過是掙個幾萬塊的「小錢」，自然而然也看不在眼
裡了。

說了這麼多，那教育工作還值得做嗎？肯定是值得的！

我與英語教育的淵源，要從我大學一年級打工說起。我大學唸的是台南的崑山科技大學應用英語系，或許在正統大學體制下的名校，不論是國、私立大學的學生眼裡，念私立技職體系似乎都稱不上是好學校，就因為如此，讓我有了更多學習的機會，也累積了許多的社會經驗。

上了大學一年級的我，看著身邊同學都去打工，對從沒打工經驗的我來說，無非也想嘗試一下，因為自己是唸應英系的，我就想從英語補習班找起，當個助教學點經驗又有錢賺，何樂不為呢？想歸想，卻都沒有實際的行動。直到有一次為了到同學家烤肉，無意間經過了一間美語補習班，心想就進去問問看吧！誰知道這麼一問，就替我這 24 年的英語教學，開啟了美麗的樂章。

當我踏進補習班時，我很簡單的問了句：「請問你們有缺英語老師嗎？」好巧不巧的，當時的主任正在為英語老師開天窗而傷透腦筋，經我這麼一問，不但約好隔天的試教，而且即刻開工走馬上任。那時的我，有著過往全英語上課的經驗，因此第一天上課，我就把整套的全英語上課法搬了出來，結果，看到的是學生們的哀鴻遍野做為回饋，不過班主任可樂透了，來了個會全英語上課的老師，因為這樣的教法，得到家長的認同，這一教就是四年的時間，甚至到後來補習班主任又另外投資了幼稚園，我被安排到幼稚園任教，四年的大學生涯，我把幼稚園到小學的年齡層給教了一遍。對比其他行業打工的時薪，英語教學在薪資待遇，亦或是鐘點費而言，相對算是高的，這也讓我從大一開始就不當個「伸手牌」一路到今天。

至於我的英語基礎，就要好好的介紹我國中和高中的母校——嘉義縣私立協同高級中學，因爲是基督教教會學校的關係，所以從國一的英語課開始，就是全英語的上課環境，直到高中畢業前皆是如此，每週的英語課更是高達 11 節，校內的外籍傳教士，就成了我們練習英語的好對象，我在國中時常常跑去和外國老師一起邊吃午餐邊聊天，時間久了，說英語的習慣倒也就此養成了。

　　到了升高中，自知數理不是強項科目，因此我選擇直升學校的觀光科就讀，我的人生就從這裡開始有不同的體驗與轉變。高中時期的我，三年都是班上的幹部，也會協助老師們大大小小的事情，原因很簡單，我是從協同的國中部直升高中部的學生，對學校的認識自然就優於外考進來的同班同學，甚至連實習賣咖啡需要的MENU，都是由我負責設計製作完成的。

　　因爲機會多學得也多，每學期我們得負責到各個國中去，進行招生宣傳的工作，看似簡單的招生，卻是累積上台功力的最好機會。在班上面對自己的同學肯定游刃有餘，既不緊張口條也順暢，可是每一次面對不同面孔時，不但緊張、怯場，有時還會頻頻吃螺絲，但一次又一次的招生經驗，讓我對上台的感覺可以說是越練越穩，所以在高三那年擔任了——日本植草女子高校，到校訪問的英語司儀。現在，反觀當初這些能力養成的練習，都是格外有意義，做的事情多，記功嘉獎對我而言更是一種肯定與鼓勵，記得在畢業時我拿到了德育獎外加全勤獎，對不會考試，拿不到智育獎的我而言，無疑是最好的肯定與回饋，而在學校六年期間，老師所教的、乃至我所學的，對日後的我而言更是受用無窮！

　　話又說回來，大學四年的時光，一路當班代直到畢業，身爲大

學班代，需負責與學習的事情，自然就更多了，當然，站在台上說話的機會也比以往來得更多，這樣經年累月的練習與經驗累積，讓我在大三那年有機會主持了空中英語教室，在台南所舉辦的英語日的活動。學會了負責、溝通、協調與分工合作等方式來處理事情，當面對事情時，自然而然就會上手許多。大學畢業那年，系上特別請我統籌規劃謝師宴的活動，從一開始的找場地、訂席、邀請卡，甚至到後來的主持人，都由我一手包辦。這是個非常吃力不討好的工作，正因為這樣的辛苦過程，加上事後一封對飯店處事態度的客訴信，讓我有機會認識了當時亞都麗緻飯店的總裁——嚴長壽先生，我們認識的過程，嚴總裁都有寫進他的書裡，也感謝總裁一路上對我的鼓勵，讓我更有智慧與勇氣，去面對前方許多未知的挑戰。

大學畢業後，男生會面臨到當兵的兵役問題，很幸運的因是家中獨子以及專長申請的緣故，我服的是替代役，那時被分發到嘉義市的文化中心，擔任櫃檯服務人員的工作，因為高中所學是觀光，對於前台的服務作業，有著相當程度的了解，因此我把「飯店式服務」帶到了我所服役的地方，從最基本的穿著開始，每天要求自己襯衫燙得平整要燙出線來，領帶必須要繫上，哪怕天氣再熱都一定照做，因為有英語專業背景，每一次的廣播我都加入了英語版本，或許外國客人不會天天到訪，但萬一哪一天真的碰上了，我相信都可以給外國朋友相當程度的暖心與貼心。

此外，在服役期間，只要有外國人到文化中心參觀，我一定會主動上前關心與詢問，並用英語做導覽帶領參觀，讓每一位外國客人有賓至如歸的親切感，他們參觀完畢要離開時，我一定親自送他們搭上計程車，並記下司機的電話及車牌，推估司機載客人回旅館的時間後，我一定會親自打電話給司機，詢問是否已將外國客人

安全送回飯店，目的是希望每一位來到嘉義的客人，都可以享受到「體貼入心，更甚於家」的服務，在櫃檯我也會盡力記住每一位來賓或訪客的長相及名字，當他下次再造訪時，我可以在第一時間叫出他的名字，讓所有造訪文化中心的市民或來賓，都可以有備受禮遇的感覺。

　　2004 年嘉義市主辦的國際管樂節，需要中、英語的主持人，經由文化局的同仁引薦下，我擔任了國際管樂節活動的英語主持人，隔年也繼續擔任這樣的要角。國際管樂節有許多外國團隊及領隊會來參訪，在難得的機會下擔任了當時嘉義市市長陳麗貞的隨行英語翻譯，這樣的經驗對我來說不只是重要且彌足珍貴。我一位替代役男，可以得到如此豐富、精彩的經歷，真的是何其幸運啊！這些故事在我與嚴長壽總裁分享後，就被總裁寫成了《做自己與別人生命中的天使》這本書中的〈金牌替代役〉，這是我從沒想過會發生的事情，我只是很單純的希望自己，可以在每個時期、每個崗位或舞台扮演最稱職的角色。

　　退伍後，我出社會的第一份工作，便受到母校的「徵召」，邀請我去管理母校在北港設立的一間美語學校，那時的營運出了些狀況，導致學生不斷的流失，在我得知後，雖然要從嘉義市跨兩個縣市到雲林縣工作，我也二話不說地立即到那裡負責「救災」的工作，從整體的空間開始改變，將所有的布置重整一次，讓整間美語學校更顯溫馨有家的感覺，隨後我就做了客訴專業的工作，邀請每一位家長來做一次個別座談，請他們把覺得學校做得不好的地方，或是有任何需要改善的部分，一一告訴我，我不但一邊挨家長的罵，還一邊要將缺失一一紀錄下來，只要能立刻做改善的，隔天一定讓家長看到成效，其目的就是希望在最短時間內，讓家長看到我

們的改變。因為改變也終於「止血」了，家長的心漸漸的安定、放心了，慢慢的開始有新的學生進來，但最後，學校還是因為房租及人事開銷經費不足之下，不得不忍痛結束營運，我是看在眼裡、痛在心裡，心情更是沮喪的。接下來我必須對這些即將面臨無校可唸的學生及家長們負責，一一去拜訪鄰近的學校，希望他們能夠用優惠的價格或其他方式來協助這些學生就近讀書，所幸最後所有的學生們，都有了新的學習場域。或許他們的未來，我根本就無須擔憂，但我希望能負責到底，把事情做個最完美的結束，這兩年半的超值學習經驗，讓我體驗到有些經歷是用金錢也買不到的，也因為這個過程，結交到了另一群好朋友，當然就是這些家長與學生，一直到現在我們都還繼續地保持聯絡。

2009 年因為表哥一個突來的電話，讓我有了〈鳳梨田裡的驚奇〉，也開啟了我對「國民義務教育」的認知，有了更多不同的體認，看見了偏鄉教育的資源不足。但是因為學校不考英語，讓我有無限大的發揮空間來上英語課，不斷地給學生不同的刺激與元素來學英語，更養成對英語學習的熱情與興趣。一場〈雲門舞集的感動〉讓我想把這一段時間，在偏鄉學校授課以及對英語教學的體會，化成文字寫成書，與更多人分享，更希望有這樣的一本書，可以讓更多人重視偏鄉教育的發展，別讓社會的 M 型化複製到基礎教育上。多了學校教育的經驗，彷彿拼圖上的最後一塊，讓我在英語教育這塊領域的體驗與經驗更趨完整。

2010 年除了學校的體驗外，最特別的回憶莫過於義大利的大冒險之旅了，那年的暑假，因為朋友的穿針引線，讓我擔任了一團大陸內蒙古包頭女子管樂團的隨行翻譯，工作內容不只翻譯，我還要幫忙安排些許其他的行程，對於從沒去過義大利的我，是一個千

載難逢的好機會，因為有唸過觀光科，所以對很多事情的掌握就更加上手了，因為懂，所以理當做得更好。隨團的成員除了老師之外，連大陸高層的書記與領導都來了，這是一個非常大的挑戰，所以更得謹慎細心的處理。我比團體提早一天到達義大利，並且把隔天團體抵達時，所需的路線全部探勘走一遍，目的就是希望可以讓這群到訪的客人看到我的專業，也因為事前的認真做功課外加充足的準備，讓那一次的義大利隨行翻譯之旅，有個順利且完美的ENDING。

2011 年的暑假，代課的任期告一段落，讓我有更多的時間，可以做些不同的事情。這年的暑假，嘉義市承辦世界管樂年會的活動，我有機會參與到這建國百年的大活動，因為有隨行翻譯的經驗，在這年我便擔任起嘉義市市長黃敏惠的隨行英語翻譯，活動更大，責任當然也就更大了，但學到的經驗就更不用多說了，開幕式當天，馬前總統也蒞臨參與開幕典禮，而更有幸可以擔任馬英九先生的接待與翻譯，這些寶貴的經驗對我而言是再多錢也買不到的。

爾後七年的時間，體驗了一段熱血的高校生活，雲林縣的義峰高中，有著一群樸實卻不怎麼愛唸書的學生，是環境造成亦或是成長背景所致，讓他們汲汲營營等不及，想投入社會與工作的現實生活中，讀書考試已經不是他們所迫切需要的，所以趁機與他們分享人生經歷，教導他們未來會面臨到的做人處事，讀書是一時的，做人是一輩子的，教導做人處事的點滴與知識的傳授，孰輕孰重？往往是沒有標準答案的！

隨著自己年紀也漸漸進入不惑之年，加上一路走來，又有了教導成人英語的教學經驗，覺得在這個領域，可以有更多發揮的空

間，因而加入嘉義市的社區大學來任教。台灣近年來在成人教育以及高齡教育這個區塊，蓬勃發展是無庸置疑的，和這些長輩的教學相長、互動與相處上，讓我有更深切的體認，長輩們的睿智與謙卑，深感自己肩負著更重要的使命，也在這樣的教學氛圍當中樂得享受。

回首過去的歲月，我雖不是名校畢業的學生，更沒有家財萬貫的顯赫背景，但我珍惜一路走來，擁有比別人更多機會，而我所經歷過、所得到的都是如此寶貴，有了太多的經驗是無價的。因接觸到偏鄉學校的教育，讓我對英語教學有了全新的體悟，更因在這段教學的經驗裡，看見了許多因考試制度，而提早放棄在學習戰場上的學生，便興起了寫書的念頭，也把我過往這段時間在學校乃至於不同教學現場，所看到的點點滴滴，寫成一篇篇勵志感人的極短篇故事與您分享，內容不僅包含了偏鄉教育的學習部分，也把對考試制度的再思考與個人對於英語教學的思維寫入書中，盼望能和更多家長們分享學習的經驗與過程，祈願能讓這麼多求好心切的父母親們放輕鬆點，帶著微笑包容每一位個別差異、不會考試的孩子。

近年來，隨著台灣人口快速老化的問題日趨嚴重，因此成人教育就成了不得不重視的一環，我也將曾經參與成人英語教育的過往寫了出來，期盼讓更多人看見且重視未來的成人教育，也為將來的我們乃至於後期人生做最好的規劃！

學習是重要的，但如何持續保有學習熱忱更是關鍵，我希望所有想學習的您，都可以擁有那源源不絕的學習動機與熱忱，透過這本書更希望與您分享我這過往的體認與感動。

Dian Huang

目錄
CONTENTS

我是香港人 ⋯⋯ 30

原本無意的想測試學生對全英語上課的接受度，沒想到卻帶來一連串意外的收穫⋯⋯

鳳梨田裡的驚奇 ⋯⋯ 37

一通意外的電話，開啟了我踏入且體會國民義務教育的樂章⋯⋯

非得不可的獎 ⋯⋯ 42

讓孩子可以因比賽而獲得高度的學習信心與成就是多麼重要啊⋯⋯

一群孩子心目中的天使 ⋯⋯ 48

外國老師的上課初體驗，給孩子突破以往的既有學習經驗並得到不同的學習刺激⋯⋯

找幫手，也把教學的種子撒出去！⋯⋯ 53

教育現場，若有幫手協助，對老師絕對有事半功倍的效果，也讓未來有機會踏入教育的學生們有實際演練的機會⋯⋯

只求進步一名就好的鐘大頭 ⋯⋯ 58

如果每一位學生都可以把進步一名當作是對自我的期許與鼓勵，我們的教育真的有希望了⋯⋯

我是香港人

「微笑」是國際共通的語言，但除了微笑外，語言就是用來溝通的工具，絕對不是應付考試的機器，我也相信許多從事英語教育的老師，都有這樣的認知與共識，但面對升學的無奈與壓力，加上來自於父母親的殷切期望與只看分數的要求，教師往往就得學會睜一隻眼閉一隻眼，忽略了聽力與口說基礎能力之養成與重要性。

我本是一位土生土長的台灣人，為什麼要時時提醒自己，告訴學生我是香港人呢？

這個故事的來龍去脈，得從我高中時期，曾經用了整整一年的時間，加強自己在英語聽與說的能力，以及過往在補習班教授高階程度之英語班級說起。國中時期的我，因為母校協同中學對於英語教學的重視，加上是基督教教會學校的關係，因此學校有不少外籍傳教士，也因此增加了許多和外國人直接溝通與對話的機會，有了國中三年的語言薰陶，再加上自己對於英語的喜愛，英語就成了我學科表現上相對優異的科目，升高中那年，無奈數理並非我的強項，而母校的升學制度可以從國中直升上高中，為了免去高中聯考的洗禮，也就轉而選擇直升上了學校的觀光科就讀。

高一那年，為了讓自己的英語能力有更好的提升，因此我找了時任校長剛從美國回來的女兒，希望她能提點我更好的英語學習方法。起初，我以為她會用國語告訴我與我溝通，但結果並沒有，還真的沒有！她全程用的都是英語，她建議我從頭開始矯正發音、練

習腔調，跟著錄音帶模仿外國人的發音語調，除了訓練聽力外，更要大膽、不害怕的常常說，這樣才能提升自我的英語程度。

大家都知道台灣的學生有個壞習慣，當學生知道教外語的老師會說國語之後，就不可能再開口說英語，這就是人們的慣性與惰性。我認為學習語言除了興趣外，環境就是最重要的因素，台灣的學子在家，與家人說的是國語兼台語；在學校呢？普遍說的還是國語，那英語呢？只有上英語課時，跟著老師一句又一句無自覺的朗讀。沒錯，在沒有如國外的環境氛圍營造之下，加上英語課的授課時數相對的短少，若讓全班一人一句來練習英語對話，對話完畢也下課了，因此要開口說英語就更是難上加難、雪上加霜了，我想，這也就是校長的女兒當初要如此堅持和我用英語對話的最大主因了，那就是——營造英語環境！

於是在陸續摸索學習的過程中，我發現市面上所充斥的英語教材或影音自學系統，都有著不同的發音、腔調等問題，也就是所謂的英式英語、美式英語等等，為了矯正自己的英語發音和語調，讓自己能說出一口道地、標準，且人人都聽得懂的英語，我便遵從校長女兒的建議，堅持不間斷的對著冰冷的錄音機一遍又一遍的練習，甚至把自己當成九官鳥般的去完整模仿所聽到的內容，舉凡發音、咬字與速度，無一不模仿，就這樣持續了整整近一年的時光，只為讓自己練得一口漂亮的英語，堅持那最好的當下，更深深體會到「聽與說」的重要性。

接著來說說大學畢業後我在補習班任教時的經歷，當我知道要接一班英語程度較好的高階學生時，我心想，怎麼做才可以真正的落實並營造一個全英語的情境教學，提供全英語的上課氛圍給我的

學生，且不會產生學習壓力的快樂情境；於是我就大膽、自信的說起我是香港人的故事，告訴學生我是外國人，不是台灣人。

　　WOW！其實外國人這件事，在我內心深處是說服不了自己的答案，更別說要讓學生們相信了，可是我深知好奇心是學習的起點，若我告訴學生我能聽懂國語，那就會扼殺學生的學習動力，更別提什麼英語四階段的「聽、說、讀、寫」了，想營造英語情境的初衷立馬消失殆盡，於是，為了要說服自己及學生，我左思右想、前思後慮、瞻前顧後，如何讓生得一副亞洲人臉孔的我、又得具備外籍的人設身分；老師難為啊！

　　幾經篩選東南亞及東北亞的幾個國家，選出了日本、韓國、新加坡、馬來西亞等作為人設的故事。我對著鏡子自我催眠的說：我像日本人？左看、右看，怎麼看怎麼不像，加上不太溜的日語，發現簡單的或許我還能唬一唬人、撐一下場面；不符合現實期待的日本人宣告幻滅。接二連三的韓國、新加坡或馬來西亞，我對這三個國家也沒有相當深的認知，終究一一的幻滅下，最後腦海浮出一個選項——香港。我們都知道香港於 1997 年回歸中國大陸以前是英國的殖民地，他們的學生從小就接受英式的英語教育，乃至於英語底子都具有相當的水準，這點我相信是很多人都認同的。接續前面的動作，我對著鏡子說：「就是香港人了！」終於這完美的人設身分，真切地說服了我自己。就用香港人來說個「善意的故事」提升學生們的學習動力，看看我自己的外型、穿著、相貌是有著絕對的說服力。再加上我自己從國中起就是劉德華的「超級鐵粉」一路到今天，就算再不會說廣東話，至少也聽了粵語歌幾十年了，也看了很多電影、演唱會或港劇，所以講廣東話對我來說相對輕鬆多了，這真是個非常成功的人設身分！

初踏進高階英語班那天所發生的事，是我永遠都忘不了的，當我走進教室的那一刻，看著學生們很開心的在討論換了一個新老師的種種假設，突然看到我進入教室，就非常興奮的說出的第一句話就是：「老師好！」一瞬間，我忽然的愣了一下，心想；這不是英語課嗎？你們不是應該要說 Hi 或是 Hello, Teacher! 之類的嗎？沒想到我連一個基本的英語問候都沒聽到，接著天外飛來一語——台語，有位學生非常接地氣的用台語說出一句：「老師，你叫蝦咪名？」那時我已屆臨崩潰的邊緣，努力認真的大吸三口氣，心想，連台語都出來了，怎麼會這樣啊？當下的我浮出一個念頭，其實這不就是很多學生學習語言的過程嗎？就因為習慣使用自己熟習的母語，所以，當然用母語來做為平時對談的工具，於是，我把心一橫便開口說道："I'm sorry, I don't speak Chinese. Could you tell me in English?" 話說完，換學生傻眼了，愣了幾秒鐘，就有學生說：「啥！……老師好像聽不懂國語耶！」馬上就有學生繼續接著說：「不可能啦！這個臉哪有像不會聽、說國語的臉！」

　　於是我再次重複了剛剛所說過的話，學生們還是嘰哩呱啦、竊竊私語，都堅決的不相信。就這樣，他們不斷的、認真的花了好些時間來證實「我不會說國語、聽不懂國語」這件事，甚至有學生當著我的面故意用國語罵「老師，你很笨！」或是「老師，你是白癡！」我當然知道他們的目的，無非就是想藉由這樣的機會，來試探我會有什麼樣的反應，如果我笑了或生氣了，自然就證明我聽得懂國語、會說國語的事實，但他們所說的每句話，讓我憋著快得內傷的五臟六腑，堅持著回了一句："What did you say? I don't understand!" 學生們也傻了，他們還是不信邪，想說既然國語聽不懂，那就換台語上場，結果，學生們把剛剛用國語測試我的所有句子通通換成台語，再次說一次，我能做的一樣是聽不懂！之後，

我便說了："I'm so sorry. I really don't understand what you said. Could you tell me in English?"學生們還是半信半疑,於是有些按捺不住的學生便用英語問了我一句:"Teacher, where are you from?"這時的我內心可樂著了!心想,總算有人肯開口用英語問我了,我便回了他:"I'm from Hong Kong!"就這樣初步的解決了他們心中的疑惑,但他們還是不相信,因為他們的心中只有一個想法⋯⋯

你絕對會說國語,因為你就是台灣人的臉!

就這樣,一節課過了,學生還是抱著一臉茫然又相當狐疑的心態回家了,每一次上課都準備不同的「測試」題目來考驗我,當然,我忍住了,也堅持住了,一個月、兩個月、半年過了,學生已經從充滿戰鬥力想挑戰及測驗你,到開始相信「老師好像真的聽不懂國語耶!」或「他好像真的是香港人耶!」。漸漸的,學生彷彿知道用他們的舊有方式要想達到溝通是完全達不到目的,不可能成功的。因此,化干戈為玉帛的良性互動啟動了,學生們三三兩兩努力的用英語拼湊出想說的話,看到這裡,可想而知我內心那澎拜洶湧的感動與悸動,心裡獨樂的告訴自己,這樣的開始就對了。

學生們從一開始比手畫腳、辭不達意的不知如何表達的囧樣,到慢慢的會使用單字去拼組成句,哪怕是把所有會的英語單字都用上了,他們還是不斷地想盡辦法,就是要拼出東西來與你對話。開始的過程是非常辛苦,但學生所做的努力,我是全都看在眼裡,尤其當我知道有些單字真的是太難的時候,我就會假裝似懂非懂的「不小心」猜出他們所想表達的意思,也藉此機會來增加他們的成就感。就在這樣的過程中,因為我的堅持,也建立了學生們的自信

心，因為這時的他們已經覺得……

「我好像可以用英語跟老師溝通了耶！」

是呀！這不就是我當初所想要的結果嗎？而這不也就是台灣學生所最缺乏的，考試都是 100 分，但看到外國人或需要開口說英語時，通通都是不及格的！從原本的「測試」老師到最後的「嘗試」開口說英語，這樣的過程轉變是相當難得的，因為學生已經「相信自己」完全可以做到的。

在這一連串的過程中，我也有曾經不被家長所認同的時候，家長覺得為什麼補習班找了一個「不會說國語」的老師來教我的小孩英語？當我聽到這樣的聲音時，說真的，我是相當沮喪的，為什麼？當每一位家長聽到有外國老師要來教他們的小孩時，總是欣喜若狂的拍手叫好，一昧的花著大把費用來肯定外國老師，卻吝於給予認真教學的中籍外語教師一點點掌聲，看著現在的我，頂著黑頭髮、黃皮膚，做著和外國老師一模一樣的事情 No Chinese，卻只能接受這樣不平的質疑。當下只想把我教學的初衷，和想給孩子營造全英語情境教學的這個想法，透過電話聯繫與真誠的溝通，讓家長了解學習情境是非常重要的，家長明瞭後反而感到非常不好意思，因為不瞭解而產生了誤會我這樣做的目的。經過了這次的溝通之後，家長漸漸發現到孩子有著明顯的進步。每一次的電話訪談，我都感受到家長的反饋與認同。印象中有一回的電訪中，家長相當興奮的告訴我：「老師，我的小孩竟然可以不看雜誌，就能聽懂廣播上所說的英語耶！」這時在我心中是感到無比的欣慰與驕傲的，這也是我想要的結果。我樂於見到每一個學生在我「善意的故事」中，他們堅持這麼久之後，所得到的成果回饋，家長甚至告訴我：

「老師，感謝你一路走來堅持這樣的教法，我們會陪伴你，將這善意的故事一直演下去的。」一轉眼，在自己的不斷堅持下，學生們已經能完全用英語跟我交談了，卽使有再大的困難，他們都可以克服困難的輕鬆開口說英語，其中有學生還拿他寫給女同學的情書，一字一句的用英語翻譯給我聽，甚至把他「撩妹」的過程用英語完整呈現在我的五感之內，雖說當他打開情書的一刹那，我眞的很想開懷大笑了，因爲我壓根秒懂整篇的意思，可是我卻按捺著快得內傷的耐心，聽他把整篇翻譯完畢，當然，也再次用那種「似懂非懂」的溝通方式解決了他翻不出來時的窘境。

之後，有幸到偏鄉小學擔任英語代課老師，起先我也告訴學生我來自香港，原本也希望可以如法炮製且營造這樣的英語情境給學生，當然在不熟悉的情況下，大家都信以爲眞，甚至連老師都來問我：「黃老師，你從香港來台灣多久了？」但無奈的是，我在國小不只是要擔任英語教學的工作，還要教授其他的科目，例如：自然、社會……等，因此這樣善意的「故事」法則，自然無法持續太久，但我仍然堅持著在英語課堂上，一個國語都不出口，我始終相信，唯有這樣的堅持才可以讓學生有眞正開口說英語的機會。每次，只要遇到放連續假期的時候，總還是有學生會問我：「老師，你會回去香港看你的爸媽嗎？」我的答案當然是："Yes, I will."

我不知道還有多少老師願意只爲了「讓學生開口說一句英語」進而陪學生演戲的，而且一演就是兩年甚至是更長的時間，中間沒有因爲任何的理由和藉口中斷及破功過，但我衷心期盼每一位在英語教學崗位上的老師，您願意給予每一位學生一個開口說英語的機會，哪怕再困難，都希望您可以陪伴著學生們一路的堅持下去，讓他們有開口的勇氣與信心，相信他們一定不會讓您失望的！

鳳梨田裡的驚奇

2010 年某一天的下午，突然間接到了表哥打來的電話……

表哥：喂……昱鈞啊！想問你一個問題喔……你目前的英語課
　　　教學是否都是以晚上為主呢？

我　：是的，因為一般補習班的課程，都是從學生放學後才開
　　　始的……

表哥：喔！那就太好了，快一點，松山國小在甄選長期代理英
　　　語老師，你趕快去報名。

我　：表哥～我又沒瘋！為了一個英語代課老師我跑去台北幹
　　　嘛！

表哥：不是喔！你誤會了，是在嘉義啦！

我　：松山……松山不是在台北嗎？不是松山機場那一個松
　　　山？我在嘉義縣民雄鄉唸書六年，嘉義也住快 30 年
　　　了，我怎麼從來都沒聽說過嘉義有個叫「松山」的地
　　　方！

表哥：我真的沒有騙你啦！你若不相信，可以自己上網去搜尋
　　　一下……

我　：好的，謝謝您的告知。

就這樣，一通突發而來的電話、一間我從未聽聞的學校，開啟
了我與松山國小這段偏鄉教育的故事。

電話一掛上，我便立即上網搜尋、查證一下，沒想到真的有一

間叫做松山國小的學校，而且真的就在嘉義縣！這一看可把我的好奇心都給激發出來了，於是我上了 Google 敲了敲學校地址，原本只是想看看學校在哪，沒想到，看了看周圍環境、標的目標，發現可叫出名的地點，還真是少得可憐，最近的目標，也許就屬國立中正大學了。

　　那時的我心想，這到底是一所什麼樣的學校啊！由於表哥的業務工作緣故，對於嘉義縣市的許多學校都相當熟悉，因此，為了更瞭解松山國小，我便又打通電話向表哥詢問；表哥告訴我，松山是一所非常迷你的小學校，學生總人數不到一百人，每個年級都只有一個班級。當我聽完表哥這樣的描述，心頭第一個浮現的影像不是別的，竟然是當年賺人一把熱淚、一把鼻涕的電影「魯冰花」！彷彿就是古阿民的學校場景，正一一的浮現在我眼前一樣。或許因為都市的國小一個年級動輒好幾個班級，我無法去聯想到一個年級只有一個班級的情況，一時間，說真的，還真是一點概念都沒有。

　　看完了地圖，詢問完表哥後，上了學校的網站，真的看見了應徵長期代理英語教師的公告，既然確定這個消息了，不妨就報名試試看吧！好不容易弄清楚了所有的報名事項後，這下問題又來了，過兩天就要考試，我卻連學校在哪裡都不知道！這可怎麼行呢？總不能因為考試當天找不到路而缺席吧！也太囧……

　　考試前一天的下午，我便騎著摩托車一路從嘉義市往松山國小的方向前進，從省道大路進入到鄉間小路，身邊所有的景色隨著里程數增加而更顯空曠、荒涼，幾乎沒有什麼高聳的建築物了，三里一平房，五里三合院，看得到傳統的平房及三合院，心中應該要暗自竊喜了吧？因為再繼續往前進，天啊！眼前所見竟只剩下一大片

的鳳梨田了！

當時我心裡只浮現這幾個字"Oh...my...god!"這到底是啥地方什麼學校啊！哪有學校會蓋在這種地方，什麼都沒有！沒有飲料店，沒有便利商店，連要看到流動攤販都是非常困難的，我到底騎去哪裡了？驚！只能隨著鄉間小路繼續前進，路的兩旁竟然還出現了墳墓，這下讓我是越騎心越慌，頓時間毛骨悚然，令大腦中出現的不再是「魯冰花」溫馨的橋段；反倒浮現的是倩女幽魂電影中的聶小倩與甯采臣、大法師還有鬼娃恰吉，所有的驚悚、恐怖和有關鬼的橋段，不誇張地通通都浮現眼前，此時心中只想著……現在不跑更待何時！於是便一股腦的死命催油門一路向前衝，好不容易騎過一段路後，終於出現了幾間「鄰家厝」，才讓我喘口氣定下心，但我心中忍不住便停下車詢問路人阿伯……

　　　　請問松山國小怎麼走啊？
　　　　喔……再往前走，看到一間廟就到了。

有廟了，我就不用怕魑魅魍魎了！便壯起膽勇敢地朝著路人阿伯指引的方向全力向前衝，好不容易終於看到廟了，啊～學校咧？左觀右望～不會吧！走入松山國小的迷宮嗎？怎麼連個校門都沒看到？學校再小也總該有校門吧！經不住的再次詢問路人後，原來學校的校門蓋在一個小斜坡上，不注意根本不知道這裡有間學校……

　　　　哇！原來這裡就是傳說中的「松山國小」啊！

總算也給我找到了，弄清楚了地點，當要回去時，天色也已經晚了，回程的路上，陪我的又是一路廣大鳳梨田與大法師的鬼魅橋

段，差點沒把膽給嚇出來！

　　當年，應徵考試的時間是安排在某個假日的下午兩點，這下我可是啥都不用怕，日正當午的陽氣旺盛！備妥了所有的考試內容與物品，再次騎著我的噗噗車風塵僕僕的，帶著過五關斬六將的大冒險來到松山國小，一進到校門，這可神奇了，站在校門往裡面看，不誇張，一眼即可望盡！真心不騙你，一眼就能把學校看完了，真是小而巧、小而美的可愛校園啊！

　　松山國小最高的建築物只有兩層樓，這樣的外觀，一看就知道是有歷史的學校。隨後，當我向人事報到後，來到等待甄試的教室，此時，一陣吵雜的聲音由遠至近的傳來，而且是越來越大聲，我往外一探，竟然來了一群活潑、好動的學生，在教室外晃頭晃腦的，就如同在參觀動物園一樣，突然看到坐在裡面的我，還東一句，西一句的開始品頭論足一番。

　　此時的我，也感受到一股純真的熱情，便耐著性子詢問這群學生，假日怎麼會到學校來？此時，也才更了解學校的用心，這群學生是校方請住在鄰近的學生們專程來給甄試老師試教用的「真人道具」，難怪一口氣來了這麼多人，不禁又讓我聯想到張君雅小妹妹的廣告，更讓我領會到了學校「動員」的能力。

　　考試時間終於到了，教室裡還是只有我一個人，此時人事承辦員走向我說道：

「黃老師，考試準備開始囉，這邊請！」
「嗯……不用等別的老師嗎？」我懷著好奇心的詢問了一下。

「不用等了，全校只有你一個報名而已，沒有其他人了！不過你也別高興太早，教得不好，就算只有你一個，也不保證一定錄取的！」

　　這麼一說，我心情、腳步都變得非常沉重，默默地走到了試教講台上，雖然有些緊張，但在現場學生人數不多的情況下，用力的深呼吸後，很快的心就靜下來了，隨後，我便使出洪荒之力，更把全英語的上課方式「展現」出來，目的就是要讓甄試現場的評委、老師們覺得我的教學品質與個人教學魅力都是很「厲害」的，心想，這下氣勢總該有了吧！若只有我一個人考，還考不上，那可不只是「落漆」而已，簡直是無顏見江東父老，只能隱匿於山林了！

　　或許是全英語的情境試教法奏效了，我非常順利的在「只有一個人」報考的情況下，錄取了這個長期代理英語教師的職務，有時想想，或許是上天早安排好，讓我經歷這一段從未體驗過的「偏鄉教育」，更因為有了這樣的體驗，讓我有了太多從未有過的教學經驗與感觸。一個偏鄉的小學校，一個鳳梨田的驚奇，反而讓我對國民基礎義務教育有全新體驗，更是這本書以及讓我人生有了全新體悟的起點。

　　對了，原來嘉義縣民雄鄉的松山村，正是鳳梨種植的大宗，每到產季，這裡就成了中、下盤商聚集的地方，松山國小還真的是被群「鳳」圍繞啊！

註：現在的松山國小，經歷老舊校舍改建後，已經充滿現代感並且擁有許多新穎的設備了！

非得不可的獎

　　小峻，一位不折不扣的好學生，在班上，幾乎每次月考的第一名通通由他包辦，對人和善、謙卑有禮、做事積極、學習主動，總之是集所有優點於一身的好學生，而他的缺點就是～優點太多了！小峻的媽媽，我想是眾多家長都非常羨慕的吧！當然，這樣優質的學生，無非就是代表學校參加比賽的不二人選了！

　　記得我剛到松山國小任教沒多久時，就收到校長的告知，希望今年能參與全縣英語日的英語說故事比賽，松山國小將由小峻代表學校去參加，而且是高年級組的，對手包含五、六年級生（註：小峻當年參與比賽時，他正就讀五年級），請我有空就協助小峻多加強練習。聽到小峻要參加比賽，很意外嗎？當然不，可是當我聽到校長接著講的話時，我可就有些心驚膽跳了，她說……

　　「黃老師，你放輕鬆準備就好了，因為我們學校可能比較小或其他因素，我們學校的學生參加這種全縣的英語比賽還沒拿過獎！」

　　天啊！聽到這樣的一句話，我不但沒放鬆，還顏面神經失調到幾乎快有中風的前兆了！心想，這簡直是抱上一顆未爆的核子彈，比踩到地雷還震撼！沒錯，嘉義縣的區域劃分真的相當大，上至阿里山，遠到東石、布袋港海邊，真的可以說是包山包海了。我想也因為所在區域中以大學校居多，相對的競爭就激烈了。

用熱情造就心中那片教育森林　　42

當我還沉浸在校長那句「學校還沒有拿過獎」，令我快中風的漩渦交代之中時，瞬間一個念頭閃過，心想，「雖然有著城鄉差距，但小峻這等優秀的學生，如果第一次參加比賽沒得獎，或許需要時間調適心情，亦可累積另一種實戰經驗，也算是不錯的體驗，但，如果讓他第一次比賽就拿獎，我相信對他日後的英語學習應該會有更大的信心才是。」總結是……無論如何，我一定要制定一套有效、適用的訓練方法，讓小峻為學校拿到這個非得不可的獎。

　　當下我馬上醫治好自己快中風的心情，不論在學校、在家裡，我不斷地東翻西找，把所有的壓箱寶一一找出來，無非就是希望替小峻挑個「很厲害」的比賽講稿。我希望幫小峻選擇的英語故事之內容得夠精彩且有意義，在一番的千挑萬選、萬中選一後終於出現了，好不容易找到一篇相當有內容與發人深省的故事，這個開頭挺不錯的，可是這樣夠了嗎？當然不夠，故事只是比賽的一部分，最重要的是比賽時有著字正腔圓的台風與膽量，我們都知道比賽時台風、膽量要大對吧？不對，是要非常大！試想，緊張的比賽氣氛下，不但要發音標準、腔調與抑揚頓挫聲調更是得通通到位，有時還要演上一段肢體語言，這些都需要各方面配合與協調，這種情況下，膽量當然得非常大才行！

　　我想對比賽經驗豐富的小峻來說可能不是難事，但用英語去比賽，我相信肯定是他人生的第一次，因此我便開始量身擬定小峻的「魔王級訓練計劃」。

　　一開始當然是從故事的閱讀與文章內容的理解開始，我將整篇文章的故事與內容以及最終想傳遞的意義，先用國語講解一遍，讓小峻對整篇文章的架構能清楚掌握，接著再透過一次又一次的閱

讀，讓他適應且熟悉英語的存在感，更利用這時候把應該要有的字正腔圓（口音、腔調）及抑揚頓挫（肢體、聲調）不厭其煩地一遍又一遍的示範，讓小峻在背稿時，掌握住整篇文章的氣氛。無非就是希望他可以在最短時間之內，身歷其境的融入故事裡。

我能怎麼說呢？好學生就是好學生，對每一件事都是認真努力且負責的，當我隔天一到學校，正想關心與詢問他背誦的情況時，小峻走過來並堅定的告訴我說：「老師！講稿的內容我全部背完了！」當下我以為我聽錯，更以為他是在跟我開玩笑，那是一篇不算短的英語故事，別懷疑、請相信我，小峻真的背完了！如此優良的腦袋著實令人羨慕，我想也是每一位不論是哪種職業的人都想擁有的吧！

講稿背完了，那接下來膽量、台風的訓練咧？他因為有過往其他的比賽經驗，膽量、台風比起其他同學來說肯定相對是大的，可是要怎樣練成「非常大」呢？那時的我心想，先不急，乾脆先把他該有的發音腔調、手勢肢體、聲調通通教會之後，再來訓練他的膽量與台風，而這些動作正是所謂的「由小變大」的調整。因為不想占用其他的上課時間，只剩下午休時間可利用，但我又不希望因比賽而減少休息的時間，影響正在發育的小峻，因此，我便利用放學時間、晚餐過後，直接跑到小峻家去給予加強，就這樣，每日堅持的騎著摩托車到小峻家開始了課後的「魔王訓練計畫」。

眾所周知，補習班皆有補英語、補數學等等，但好像沒有補比賽……這個科目吧！或許大家會問，比賽怎麼教？我想，只能用以往自己比賽的經驗來教他了，從每一個英語字母的咬字發音開始調整，接著看看肢體語言及手勢有沒有到位，例如：咬字、重音、聲

調的高低大小、配合肢體的力度等，多一點、少一點都會影響評分的結果，馬虎不得，隨後把比賽時的眼神控制及如何面向觀眾、面對評審一一統整的做練習。就這樣，一場的比賽，讓我往後只要小峻一有空，便馬不停蹄的往他家跑，無非就是想讓小峻透過反覆的練習進而熟練到能在比賽當日 HOLD 住整個場面。

當小峻對內容熟練到一個程度後，重點來了，開始練膽量、練台風了！因此，我要求小峻每天中午吃飯前，一定得到全校師生的面前講完一次才可以放飯，哪怕眼前這些面孔再熟悉，站上台看到的心情就是不一樣，緊張後的忘詞是必然的，但幾次過後小峻也漸漸適應了。你認為沒問題了嗎？不，每日面對這些熟面孔，看久了也習慣，習慣就成自然，這樣多沒挑戰啊！我便請小峻的媽媽利用週末時間，把小峻帶到文化中心的中庭廣場，看表演嗎？對，不過是大家看他表演，膽量要練得大，只有讓你站在一群陌生人面前，也能不畏縮且堅定的處之泰然，那麼膽量、台風就能漸漸地練出來了。

當我要小峻站上舞台時，他真的以為我是在開玩笑，認為我這樣的舉動太瘋狂了，當我堅持著讓他站上這陌生的舞台時，可想而知當時的場景，現場不僅有陌生人，偶爾也有同校的學生，又因為適逢週末的關係，人潮漸漸地又更多了。

剛開始的小峻「皮皮挫」的一臉菜色，現場更因為緊張、忘詞、斷斷續續的演說，讓原本該有的水準當然也就通通走樣了，但我與家長持續不斷給予他真心的加油、鼓勵並給他建立信心，經過一週、兩週，直到第三次在這種「戶外場」的魔王級膽量、台風練習時，他已經學會習慣成自然的定律，處之泰然去面對這樣陌生舞

台的壓力。若遇到週末假期全家出遊而影響練習時，我也會請小峻的媽媽找「舞台」讓他練習，無非就是要讓小峻的情緒不斷地保持在這樣的水平，不會因為休息而中斷。

漫長的「魔王訓練」，終於等到驗收成果的時刻，比賽當天，由我與小峻的媽媽陪著他去比賽，經過這種「魔王訓練」後，小峻當天的表現真的是可圈可點，不僅該有的一樣都沒少之外，就連他平常最常犯錯的地方也通通不見了。現在的許多比賽，礙於大家對一、二、三名的順位很計較，因此紛紛改成用優等或甲等來頒獎，這次的比賽，小峻拿到了甲等。不論是什麼獎，只要小峻能「得獎」，我想就是一種肯定，所以當小峻自己得知比賽的結果，也是興奮至極，而我當然更不用說了，那種與有榮焉的驕傲與喜悅更是無法形容，過往所有辛苦的付出都是有收穫的。

對我而言，我不是正式的老師，無法與正式的老師一樣，可以因為指導學生比賽得獎，在其公務人員履歷表以及教師考核上記功嘉獎，因此，上述這兩項對我而言完全沒作用，這點一開始我就很清楚，而我也不是為了這記功嘉獎而做的，我的目的只是想盡力去幫助小峻在英語學習上有所提升進而增加他的自信心，其次也更想破除校長曾說過的，我們學校小，在「英語比賽從來沒有拿過獎」的迷咒。至於我自己，哪怕跑到小峻家再多次，晚餐不能按時吃，甚至有時得冒著大雨前往指導，這些，在小峻得獎的那一霎那，真心覺得一切的付出都值得了！

比賽往往是很現實的，有人因比賽結果不如預期而垂頭喪氣，甚至失去原有的信心，但這次，我希望藉由幫助這樣一名本質就相當優秀的學生更上層樓、視野能看得更遠，我想盡所有的辦法，無

非就是希望小峻可以得獎，更藉著小峻得獎給學校的所有學生當成
學習榜樣，正所謂「天下無難事，只怕有心人」，自我的肯定、建
立自信心，哪怕是未來再面對陌生的比賽，也能無畏前方的困難與
挑戰，游刃有餘的應戰。因此這個獎在我眼裡實在太重要了，這是
讓小峻把信心再往上提升的重要關鍵，這一個「非得不可的獎」，
我相信對小峻在未來的學習上，一定占有非常重要的一席之地！更
希望小峻能因這份信心，進而勇敢面對未來每一次「英語比賽」的
挑戰！

PS：當年，小峻在小學畢業那天，特地送了我一束花及卡片，內容
　　寫的正是感謝我讓他那次的英語說故事比賽能夠得獎，對一個
　　「代課老師」的我而言，在畢業典禮這樣的場合能受到他的重
　　視，我自己也備感窩心！ Benson, thank you so much!

註：現在的小峻，已經是未來的準牙醫師了！

一群孩子心目中的天使

　　台灣的英語教育，一直隱藏著一個無形的殺手——環境，如何給學生一個可以「用」英語的環境，是很多學校不斷並試圖營造與努力用心追求的終極目標。但就目前國內的英語教育課程時間而言，一直是個無法突破的環節，許多學生在學校接觸英語的時間，想必只有一週短短幾節英語課能提供這樣的學習機會而已，再者，就是利用早自修或是課間活動時間罷了。回到家，陪伴的不是八點檔灑狗血的劇情就是鄉土連續劇或充滿偶像藝人的流行節目，在校接觸英語的時間少，回家就相對更困難了。

　　一般人對於使用英語的惰性，來自於對母語的依賴，原因很簡單，這是他們熟悉的環境中之常用語言。英語對他們而言只不過是一門考試用的學科，有沒有用？用不用得著？當然不是他們所關心的話題，有些甚至「根本用不到」。當我在松山國小教了幾節英語課以後，我便發現一個挺嚴重的問題，學生對學習英語，上英語這一門課，好像沒有多大的熱情，無論我上課如何運用教具來製造情境，課程如何生動活潑，下了課之後，英語好像也隨著下課鐘響，而被拋到九霄雲外了，因為學生根本無法真實體驗到——用英語。在家，因家人不會講又聽不懂，所以用不到；出門在外買東西，你開口問店員 "How much is it?"，店員臉上可能會出現三條線，還以為你瘋了，然後他也不知道該怎麼回答你，最多機會可以常用到英語的就是——出國。

　　出國，多輕鬆愜意的兩個字啊！對這裡的學生而言，有些學生

甚至連要到台北 101 都有困難，更別說是要……「出國」了，但唯有出國才能提高接觸到外國人的機率，自然而然也就會增加開口說英語的機會。當下我想說既然沒辦法出國，那找個外國人總還是簡單多了吧！居住在城市的學生，可能從小唸的是雙語或全美語的國際幼稚園，或者是有外籍老師教學的補習班，但這個學校有些學生可能連和外國朋友接觸的機會都沒有，誇張一點的甚至連外國人都沒見過，更別說跟外國人講英語了。此時此景，我腦海所浮現出的第一個可求助的地方，便是我的高中母校，因為是教會學校的關係，學校有來自於美國路德教會的外國傳教士，這些傳教士會安排英語課程，和學生分享有關於上帝的恩典與基督教的點滴，但我不知道我應該抱持著什麼樣的心情，開口請學校給予協助，畢竟這是屬於學校私有資源，我也擔心一開口就會碰釘子也說不定。

　　一番的內心掙扎與自我的對話，剪不斷、理還亂的糾結，我當下唯一的想法就是「不管了，只要是對的，就勇敢的踏出第一步，去就是了！」，否則現在不做那永遠都沒機會再做了，就這樣我便利用時間跑了趟我的母校。真是神助我也啊！那時的教務主任正巧是我還在唸書時的數學老師，總是自己的老師好開口，再加上見面三分情，於是我便把我在松山國小所看到的，以及學生面臨到英語教學、學習不足的地方，一一的向主任報告說明，並且告訴主任若有機會，可否安排一次由一位或兩位外國老師利用空堂時間到松山國小，我的目的是要讓全校的學生在學英語的過程中，可以有真正遇到外國人的經驗，哪怕不是來幫學生們上課，只要簡單安排一下活動，唱歌、遊戲都好，這樣才可真正激發出孩子的學習動機與潛能。

　　向主任表達了這樣的請求後，雖然沒有得到立即的回覆，但

這樣的活動牽扯到的是學校的排課，以及老師的安排，甚至是交通的問題，老實說，我完全不敢有任何的期望，心想，該做的第一步已經做了，剩下的交給上帝安排了！幾天後，接到了教務主任的電話，告訴我說學校已經得知這個消息，校長相當樂於協助這樣的教育工作，因此主任立即和我約了到松山國小的時間，也告訴我屆時會安排老師到學校去幫學生上課，但上課的內容是和宣揚耶穌基督有關的，那時的我心中有如中樂透般的興奮，立即確認了相關的細節。

一陣的興奮過後，腦海突然浮現上課內容是「宣揚耶穌基督」？問題不在耶穌也不在上帝，而是因為我們學校的旁邊就是一間廟宇，所供奉的是「玄天上帝」，亦是在地人的信仰中心，而偏偏所有村莊及周圍的人，所信仰的都非基督教，因此我很怕有家長會因為宗教的原因，而拒絕讓孩子參加這樣的活動。擔心之餘，我還是要先向校長報告這個好消息，同時也向校長說出了我的想法和疑慮，但校長卻告訴我別多慮了，我們只要把這樣的活動定義成是外國老師的授課，家長自然就不會做過多的聯想。校長的定心丸和定海神針，令當下的我放心許多，原來都是我自己想太多了，是啊！多麼有意義的活動且多難得啊！

這樣的活動，很快的在學校也傳開了，學生們非常的期待這樣的機會！望啊望、等啊等，左顧右盼的終於等到了這一天，總算是到了和外國老師們敲定的日子，那天一早我便準時到校門口，等著迎接孩子們心中的天使，當我看到一台廂型車開進校門時，還以為我等錯人了，心想，我不是跟母校要一個或兩個外國老師而已嗎？誰知道車門一打開，下來了六位外籍教師與一位中籍教師，上前一問才知道，原來這樣的活動在外國老師間傳開後，大家都紛紛搶著

要來參與這個傳福音工作，也因此從要一個來六個，感謝上帝啊！一次派了這麼多天使給我。

老師們有的背吉他、有的扛道具，尤其令人難忘的是，當學生一看到這群來自美國的嬌客時，全場失控了，有學生失聲尖叫，有學生用力鼓掌拍手叫好，熱鬧的場面真的不輸開演唱會的感覺，還有些沒有看過外國人的學生，更是露出不可置信的表情，竊竊私語討論著這一群可愛的外國老師，當然知道此行的目的，除了宣教外，就是要協助激發學生對英語的熱情，在帶領活動時，哪怕只是最簡單、生動、活潑的肢體語言，向學生 Say hi 或 Give me five 都能讓學生有著全新的體驗，這時所有的學生是真正的在「用」英語，而且是跟一群外國人用英語做互動，沒有學生會在意聽到 Jesus 或 God，沒有任何的宗教、信仰上的色彩，有的是學生們融入在學英語的情境，認真的在活用英語。

這樣的活動與互動是我所想要的，也是我期待很久的。讓學生喜歡英語，首先必須要建立孩子的自信心，進而肯定自己，讓孩子真正有機會把所學用在和外國人互動的場合，哪怕是最簡單的問候語，都會變得格外有意義。學生們透過這活動體驗，徹底顛覆了以往學英語的舊有印象與經驗，在上英語課的反應變得更積極了，無非想學更多的英語以便屆時可以派上用場，因為此時的他們正期待著外籍老師再次的到訪，而這一群外國老師，也因為這樣難得的機會造訪了一所不到一百人的偏鄉小學，不只感動了學生們，連帶這群可愛的老師們也迫不及待的預約下一次的到訪，這樣的活動不只成就了一段「教學課程」，更替這群學生打下對英語學習的「信心基礎」。外國老師們回學校分享了這樣一段特別的教學經驗，後來甚至連學校應用外語科的學生們都來支援類似的課程，自己親手做

道具、排演、準備獎品，透過每月一次的英語說故事活動，給這群孩子們更多英語學習上的刺激與感動。

教育不是紙上談兵的工作
英語教學更非只有單字、句型、文法、架構而已
讓學生會「用」比會「考」來得重要多了
如何「活用」更是每一位老師都需努力的目標

一群上帝派來的外國老師，如同天使般造福了一群偏鄉地區的孩子，不只給他們上帝的愛，更給了他們學習英語的刺激與體驗，這樣的感動與幫助，相信對每一位孩子在未來的英語學習路上，會有著無法預期的助力。

找幫手，也把教學的種子撒出去！

　　戰場上，如果只是一昧的單打獨鬥，往往很快就會氣力用盡、倒地不起的戰死沙場，有時想想，老師們在教學上好像也有這樣的困境，因此才會需要借助影音 DVD、投影片或數位教學……等輔助教材。雖然坊間有許多可用的英語輔助教材，但我衷心的希望能在英語學習上，給學生更多的刺激與學習經驗。

　　「用英語說故事」是個相當好的構想，但只是說英語故事遠遠還不夠，如果能說還能演，那課程內容就會更加豐富且活潑生動。當我在松山國小任教的時候，就覺得在學習語言上，應該給學生多一點不一樣的體驗，但我孤軍一人奮戰，總不能自己分飾多個角色，然後一人獨角戲的整場跑來跑去吧？因此我想到了一個既可以搬救兵、又可以找幫手的好地方，我的母校——協同中學。

　　嘉義縣私立協同中學，長久以來在英語教學領域方面有著極高的評價，而學校在高職部也設立了應用外語科，因此我將心中的構想向學校提出，希望學校外語科的學生，可以協助擔任偏鄉學校說英語故事的小老師，藉由每個月兩次到學校的機會，塑造英語的故事情境，透過生活及故事的內容情境，提升小學生對英語的熟悉度與生活運用的意願，這樣的構思提案對兩方的學校、學生而言都是相當難得的機會，外語科的學生們也可以因為參與這樣的教育服務工作，更能體會到偏遠學校學生的不足與需求，反觀自己所擁有的學習資源，讓學生學到惜福與感恩，這是多麼好的機會教育啊！學校聽完我的構思想法，就立刻答應了我這樣的請求，並同意讓外語

科的學生擔任這神聖的工作。

　　學校第一時間，將消息公布出去後，就獲得許多學生們的迴響，進而踴躍的報名參與，當我聽到報名如此踴躍時，心裡還在猜想「學生會不會是因爲可以光明正大請公假不用上課才這麼踴躍的啊」？當然這一點純粹是博君一笑的說法啦！報名的學生從高一到高三通通都有，但這些學生都有一個共通點，那就是——通通沒有說故事或類似英語教學的經驗，這可怎麼辦啊！

　　話說構想……是我提的，請人……是我開的口請的，所有的不會教、沒經驗……理所當然由我負責把他們教會！所以當我聽到這些學生通通沒有經驗時，不但沒有不知所措或當場暈倒，反倒心中有些小雀幸，這些沒有經驗的學生，就如一塊未經雕琢的璞玉般，我正好可以透過教他們的過程，分享正確英語教學的方法及訣竅。

　　事前的備課是教學的第一步，我便請外語科的學生準備好故事題材與內容，並將他們分成兩組，一組負責低年級的教學，而另一組則負責高年級的教學，隨後即說明我初步的構想與規劃，並簡單的將控班與引導的方法與他們分享，然後請他們開始動手寫教案與課程規劃。看到這裡，我似乎沒有教給他們太多的東西？是否應該要徹底教會他們，再讓他們開始？

　　沒錯，這就是我所想的、更是我想做的，我想給這些學生們充分的信心，沒有制式化的框架，讓他們自己覺得「我們是最好的，是可以完全做到且做好的」，但換個角度思考，或許因爲通通都沒經驗，就以一個高中學生的英語程度，給國小學生說英語故事會難倒他們嗎？答案是不會的，就英語程度上來說，這些學生們是綽綽

有餘，但凡事都有第一次，假設我在第一次就不斷的指導這些學生們「你要這樣教、你要那樣做」，那學生們不就沒有思考的空間與學習的機會了，就算學生因為沒經驗第一次做得不好，那又如何？這不就是經驗累積必經的過程嗎？我不但不緊張，反倒是樂觀其成的看待他們第一次的表現。

終於到了第一次上戰場的時候，外語科的學生們滿懷著忐忑、緊張的心，小學生則是興奮的期待上課，而我則因為將學生分成兩組上課，就在兩組教室之間來回奔波，一方面想掌握這些國小學生的學習情況，另一方面我也得將這些外語科學生們的表現一一紀錄下來，目的就是希望在課後能與他們討論。就小學生而言，這樣精采的故事主題，以及滿桌子豐富的獎品（糖果、文具、小玩具……等），他們簡直是樂壞了，原來不一樣的英文課程也會有不一樣的收穫啊！

而這群外語科的學生呢？果然使出渾身解數，連故事都賣力地演出來！加上道具、閃示卡……等，更是無一不缺，但當我凝聽他們上課時，果然讓我再次的印證了「教學經驗的傳承」，因為他們從進教室開始，開口說的通通是國語，也許他們以前英語課就是這樣上的，因此要聽到說英語的比例，相對就會少了許多，再加上有時小學生會 HIGH 過頭，根本無法控制，所以一節課下來，講國語的比例是相當高的，他們表現不夠好嗎？NO，就第一次的表現而言，我給予非常高的評價了！

課程結束後，我找了時間與他們共同討論這第一次的上課情況，沒想到學生第一個反應，不是不好教、教不好或什麼專業性的問題，他們丟給我的問題竟然是……

學長，這些學生怎麼這麼難管啊？他們簡直就是精力旺盛，又吼、又叫的，甚至情緒太嗨了，就起來滿場跑！現在學生都是這樣的嗎？

可不是嗎？沒進過廚房，沒煮過菜，怎麼知道洗手作羹湯這箇中的難處呢？看別人教書或許簡單，但自己教跟看別人教，可是天差地遠了！教學生可能不是難事，每個人都有其教學的專業背景，但教室管理、控班的技巧及教學魅力，可就真的要各憑本事了，這點，我想任何一個教育現場的老師，應該都是心有戚戚焉吧！

與這些學生的討論，無疑的我先給予他們一個大大的讚來鼓勵，不論結果如何，他們已經成功地跨出了這第一步，給他們信心是我覺得我一定得做的重點項目，不會教、不懂得如何教……可以學，但如果因為一次的挫折，就懼怕甚至失去信心，那可就真的得不償失了。

接著和他們討論我所看見較為不足的地方，就硬體的準備方面，他們真是無懈可擊啊！不僅道具精美，準備的獎品更是五花八門，害我之後上課也得如法炮製了！

但在口說英語的部分，我直接點出他們疏漏忽略的地方，那就是──有太多國語表達了。不可否認的是，我們以前都是聽國語在上英語課，如此一代傳一代的傳承下，會有這樣的表現自然也不足為奇了，我趁機的機會教育一下，與學生分享了我自己上課的教學經驗，更把我這「假香港人」的故事告訴他們，無非就是希望他們修正自己以往對英語的看法，甚至是英語教學的刻板印象，我希望他們能提高說英文的比例，或許您會覺得奇怪，不過是說個英語故

事而已，也要這樣做嗎？當然，這不也是英語學習的一環嗎？我只不過是換了不同的人與主題罷了，可是教學的主軸依然不變，如果英語故事聽到的是百分之八十的國語，那就失去原本的期待與本質了。學生們聽了也覺得相當支持這樣的教法，並告訴我下一次他們就會提高說英語的比例，倘若學生真的聽不懂再說國語就好了。席間，學生也提出一些教法上的問題與我討論，我也相當樂於與他們分享自己過往的經驗，希望透過這樣的討論，讓這些外語科的學生有不同的經驗吸收與收穫。

之後，隨著說故事的次數與經驗增加，這些學生們的表現可說是越來越有大將之風了，不僅在教室管理與經營、控班技巧都有非常大的進步，就連故事也是越說越演越精彩了！此時的他們，我相信一定對教學更多了份信心！

透過這樣的方法，不但替我自己找了超級好幫手，也替這些小學生製造了不一樣的學習經驗與情境氣氛，更同時把英語教學的種子撒了出去，也許這些外語科學生當中，不是每一位的志向都是當老師，但只要有其中一位學生，未來想從事教職的話，也許會因為曾經有過這樣的不同教學經驗，讓他日後在教學的路上，可以更有別於他人之教學法的出現，我想這就是所謂的傳承吧！

只求進步一名就好的鐘大頭

　　考試，對很多人來說，或許是結束求學生涯，踏入社會前所揮之不去的夢魘，分數的高與低，更是自我能力的展現與肯定，有些人，或許因為退步一名或輸其他的同學一分，就覺得像是世界末日的來臨，這篇故事的主角，是我在松山國小第一學期所遇見的一位六年級學生。

　　大頭、大頭，下雨不愁，人家有傘，我有大頭。這句順口溜的童謠，我相信大家都再熟悉不過了，每個年級或班級好像都有位頭特別大的同學，當然同學給他取的綽號就叫做大頭。當我第一次踏進他們班時，他就坐在特別顯眼的第一排，果然，人如其名，大大的頭加上不算魁武的身體骨架，就更凸顯他獨特的大頭特色。

　　因為自我的堅持，我的英語課，當然是全程使用英語教學，每一次當我教授一個句型或是單字的時候，總是看著他癡癡的望著我，他的眼神並沒有透露出一絲的不專心，反倒那種凝視著你的眼神，讓你不自覺的會想多看他一眼，心想：「難道他是聽不懂嗎？」會不會是因為我全部都說英語對他而言太吃力了，但偶爾他又點頭如搗蒜般的呼應著你的上課內容。有一次我忍不住點了他，並且問他："Do you understand?" 他看了看我，過幾秒後回答 "Umm...Yes." 我心想，不錯啊！至少還能夠回答，這樣的互動比起他完全不知道你在問什麼來得好多了。

　　下課後，與其他老師聊到他的上課情況，我才驚覺我誤會他

了，原來他剛剛上課，好像眞的不太淸楚我所上的內容，只是因爲我問了他問題，他才給了一個 Umm...Yes 的答案，爲什麼這麼說呢？因爲經過其他老師的描述，這位同學對於閱讀有相當的興趣，稱他 bookworm 我想一點都不爲過，他最大的興趣是研究古時候名人的過往歷史與細節，特別是古人的八卦他更是深入研究，也因爲這樣的愛閱讀，讓他的國文程度相當優異，又加上從小背誦論語、老子……等經書，讓他的國學常識與造詣比起同年級學生是有過之而無不及，但他對英語卻是一竅不通，英語對他而言就是壓力山大的夢魘，老師們也告訴我，原來剛剛他那「癡癡望著我」的神情不是代表專心，而是他聽不太懂，因爲這是他上英語課特有的通病。哎呀！我可眞是誤會大了，錯把學生的不懂當成懂了，也透過了解，知道他對英語會有恐懼感，畢竟與他所喜愛的國文相比，英語根本就是個火星人的語言。

因爲這樣的了解，讓我自己有機會修正上課的步調，接下來上他們班的課，我都會特別的去注意他的反應，當然，我不會把他「癡癡望著我」的表情再次的誤會了，若比較難理解的單字，我一定會手舞足蹈，畫圖加演戲的，把這個單字盡量用「演」表現出來，讓他與其他同學們都可以理解，這樣的過程，是希望把英語當成外星人語言的鐘大頭可以更熟悉與習慣。下課時間，我總是鼓勵同學看到我可以開口和我說英語，藉此增加練習的機會，說也奇怪，鐘大頭遇到我竟開口對我說："Hi, teacher!" 當我聽到時，便再次確認我聽到的是英語。心想，多好啊！他肯開口就是値得鼓勵。可是他會說的好像也僅止於 Hi teacher 而已，於是我鼓勵他：你慢慢講，盡你所能開口講，不會說的你穿插國語都沒關係，不用怕！漸漸的，他從最簡的的 Hi teacher 進步到能夠把國語、英語甚至加上台語，拼出一個句子來和我溝通。說到這裡，我不得

不佩服他那勇於開口與說出來就好的勇氣。

　　很快的一學期過了，也到了畢業季節，鐘大頭憑著他優異的國文底子，吊車尾考進了一所在雲嘉南地區「英語」教學相當優異的私立學校，那時我問了他，你會去唸嗎？他毫不考慮地說 Of course. 我心想，完了，這間學校一個星期有十一節英語課，國小一週才兩節，他都已經一個頭超級大了，更何況是十一節英語課，那頭豈不是要爆炸了？但這樣的現實壓力，並沒有對鐘大頭造成任何的困擾，偶爾我也會到學校去「探班」，當然也順便了解他在國中的銜接與上課的情況。當第一次月考成績出爐時，我便問他，考得怎樣？他竟回我：很好啊！全校前五名，不過是倒數的！他的口吻聽不出有一絲絲的失落，反倒用很正向的態度，面對思考他的名次，因為這時的他，覺得名次對他而言只不過是數字罷了，不影響他在學校生活的每一天。他的校園生活可精彩的，每天搞搞公關、探探八卦與眾老師們搏感情，別懷疑，您也沒看錯，真的跟唸書是一點關係也沒有。我繼續追問下去，得知他的英語只考了約十分而已，我還沒回神時，他卻打斷我跟我說：「老師，我們有空再聊，現在我跟外國老師有約，我要去找他了！」這下好了，換我徹底的傻住了，換我用那「癡癡的眼神」望著他離去的背影。「你英語才考十幾分，可是你現在卻要去找外國老師，那你們怎麼溝通啊？」這是我當下杵在現場，心中所浮現的第一個想法，我也抱著近乎吃驚的心情離開了。

　　過了一段時間後，因緣際會下我遇到了他的父親，當然也隨口聊到他的求學近況，並順勢關心的問了一下，不知大頭在英語課程上有沒有進步？他的父親很認真的回覆我：「沒有耶！一樣保持在倒數的全校前五名！這次英語考十二分。」我很擔心的繼續問下

去，怕這樣的成績會影響學生的心情，沒想到他的父親告訴我：「他每日過得悠遊自在，全年級的學生都已經快認識光了，老師的辦公室每天都當廚房一樣走來走去，他每天都去找葛老師聊天。」

（註：葛老師是位美國人，同時也是這所私立學校英語教材的編寫者，也因為這樣一套教材，讓這間私立學校的英語能夠在雲嘉南立於不敗之地。）

當下的我真的以為我聽錯了，一個把英語當火星語言的學生，竟然能和學校英語教材的編寫者，當好朋友甚至可以聊天，聽到這裡，讓我更加佩服他的勇氣與學習態度。我又繼續問下去：「這樣的成績，他有沒有跟您提過什麼？」他的父親又對我說：「鐘大頭曾經告訴過我，爸爸，您不用擔心，只要我有辦法進步一分或是進步一名，對我而言就夠了，英語考十二分沒關係，下次我考十三分就算有進步了，而且我以後一定可以直升高中部的。」（註：直升是這間私立學校的傳統，學生的名次只要在全校前二百名，就可以從國中免試直接升上高一就讀。）

故事說到這裡，我不知道您的心中對鐘大頭會不會給予肯定的掌聲，一位平均成績全校倒數前五名的學生，因為秉持著一份樂觀學習的心情，不會因為任何名次或分數、成績上的影響，打擊了他想學習的動力，更靠著一派樂天的態度，把原本最懼怕的英語，藉由任何不同的形式、方法拼湊出來，進而達到溝通的目的。

「只要我有辦法進步一分或是進步一名，對我而言就夠了。」

這一句話，對許多汲汲營營爭取全校前三名、目標考上頂尖

名校的學生而言，是多難想像的一句話，人生的意義不是只有優異的成績與擁有一張名校的畢業證書，如何能讓自己保有一顆努力學習、上進的心，我想比任何事情都來得重要。鐘大頭，一位視英語為火星語言的學生，憑藉著進步一分就好的心情，讓他自己的求學路，走出了一條與其他學生截然不同的道路，他的心情沒有因為分數的高底、名次的前後而有所影響，反倒多了進步的動力推著他向前行，我相信他未來的人生也會因為這樣的觀念，給他自己有一片更遼闊、更蔚藍的碧海藍天。

成績的高低只不過是數字的多與少
名次的位置也只是排序罷了
進步，卻是一股激發人努力向前的動力

衷心的希望～在我們萬千的莘莘學子中
能有越來越多的──鐘大頭

註：鐘大頭現在已在加拿大攻讀法國歷史碩士學位，未來也希望朝
　　博士班邁進。

導師初體驗

　　我是一位從體制外跨領域至體制內，到國小教書的老師，主要教授的科目是英語，對我而言，倒也沒有多大的困難與挑戰，頂多是加幾節科任課，例如社會課、自然課或美勞課，雖說不熟悉，但事前備課充足倒也都可以勝任，沒想到在 98 學年度學期末的某一天下午，當我下課準備走回辦公室時，突然被校長給叫進了校長室，「天啊！不會是發生什麼事情了吧！」那時的我帶著滿腦子問號走進校長室，進門一坐，校長便開口了⋯⋯

　　校長：昱鈞啊！下個學期因為我們學校人事配置較精簡，又加
　　　　　上公文下來，宣布同一位老師不能夠同時兼任導師與行
　　　　　政工作，因此我希望你下學年開始，可以分擔老師們的
　　　　　工作，我希望你可以擔任未來五年級的班導師，不知道
　　　　　你願不願意？
　　我　：校長，可是我沒經驗耶！會不會勝任不了這個工作啊？
　　校長：我想應該不會啦！因為這個班級只有八位學生，對你來
　　　　　說應該是可以掌握的啦！

　　校長的一席話，滿腦不可思議的我，就這樣接下了我從未有過且挑戰性頗高的 Mission Impossible ——當導師，當我反應過來我即將成為導師時，腦中不禁聯想到國小時的種種畫面⋯⋯

　　哇！導師耶！多威風啊！藤條、打學生、罵學生、出功課、寫學籍資料簿、期末再來個導師評語⋯⋯

這些都是我對國小導師的刻板印象，當然我們那年代看到藤條或被藤條伺候，都是家常便飯，不過因為時空背景不同了，這樣的「道具」，在現在的教育現場自然就不可能出現了。

接到要當導師的消息，心情雖然緊張，但因為接近暑假了，倒也沒有多想，但放暑假的我卻費盡心思的想一個問題⋯⋯

怎樣當一個不一樣的導師

當導師的經驗，可能是很多正式老師的常態工作，甚至有些老師可能已經當到快彈性疲乏了，但對我這個即將面臨生平第一次當導師的菜鳥而言，無疑是充滿著太多未知的挑戰。

對具有歷史年資的國小教室來說，可能就如同大家既有的印象一樣，黑黑的、舊舊的，因為當時的我已經在學校服務了快一個學期，對各班的教室以及我即將使用哪間教室都相當清楚，因此我希望在新的學期，能給我及我班上的學生們，有個別於以往的「教室」。

一個溫馨且乾淨的環境空間，對學習來說再重要不過了，於是我利用開學前的幾天，跑到我未來的班級教室裡，開始了環境空間大改造的計畫。

從最基本面積大的牆面開始，牆面經過了許多年的使用，當然不可能維持得相當乾淨，於是我先買了一桶油漆，開始把整間教室從髒亂黏膠先刮除、空洞斑駁再補土後，重新的將牆面粉刷一遍，只要有任何一個不符合我標準的地方，哪怕地方再小我都不放過，

一定得把它刷得亮麗如新。

　　就這樣勞動了幾個小時下來，教室果然亮了起來，刷完的牆壁看起來 Bling Bling 的，接著開始著手整理教室，我重新設計教室內的「格局」或「動線」，整個調整了一下，又搬了櫃子，挪了桌椅，好不容易讓整間教室的行走動線順暢多了，下一步開始掃地、拖地、擦窗戶外，還要和地面上的灰塵廝殺，清除高掛天花板上的蜘蛛網，有時還得應付突然造訪的「小強」，雖然流了滿身的汗水，嗯……為了迎接未來的導師職，就當作健身吧！

　　教室終於整理成我心中預期的樣子，但我這時站在教室前，總覺得少了些許什麼，我左思右想終於想通了，原來是——溫馨的感覺，白色冷色系的牆面，又加上導師的辦公桌、電腦桌都是灰色的，怎麼看都不覺得溫馨，於是我便拿了捲尺，量了量桌子的大小及教室內雜誌書櫃的長度，猜到了嗎？沒錯～買桌巾，我特地到賣場挑選了兩張符合尺寸的桌巾，準備鋪在我的兩張桌子上，而學生的書櫃因為長度特別，因此我拿著尺寸帶著布，請專業的裁縫師，幫我做成能覆蓋書櫃的「書櫃巾」，或許此時的您覺得我根本無需多此一舉，但我覺得一個有溫度的空間，對學習絕對會有加分的效果。因為我的專業是教英語的，當然要把英語的元素放到教室囉！於是我把教室內，看得到、用得到的物品，通通標示上國、英語對照的自製卡，最後，由於我自己平常有畫油畫的興趣，因此就這麼厚著臉皮，把我的作品拿了幾幅到教室，掛了起來充當世界名畫。經過幾天的打掃、布置終於完成了，當然也就等著開學日與班上學生的到來了。

　　開學當天，當學生一走進班級時，第一個反應就是……

「哇！教室怎麼差這麼多啊！」

內心的 OS：廢話，你們老師我已經累這麼多天了，當然要差很多啊！

整個氣氛頓時有了「家」的感覺，不僅該有的一樣都沒少，連「世界名畫」都有了，「家」的溫馨感覺，正是我想營造的氣氛，如果把空間布置得很溫馨，學生也一定會更加喜歡。

硬體的部分全部就位，這時，我又做了一件有別於他們以往經驗的事情，我帶著相機把全班拉出去拍照，而且是個人照，我請學生一個一個擺出最帥、最美的 POSE，因為我正在計畫一件出乎他們意料的驚奇。當我回家後，把所有學生的照片，以電腦的影像處理軟體稍作處理後，再利用影像合成技術，讓每一個學生通通變成知名雜誌的主角，不僅所有的學生通通成了封面人物，上面還特別打上了一句我希望他們可以永遠記得「做自己生命中的主角」，除了積極的面對自己的人生，更要做自己生命中的主角，完成後，我還特地將所有學生的照片輸出、護貝並貼在塑膠片上，因為明天我要讓他們「當名人」。

隔天，我特別早到學校，把拼了一個晚上做出來的「封面人物」成品，擺到了班上雜誌書櫃架上，霎那間，我們班彷彿成了名人堂了，男的帥、女的美，當然，導師更帥！衷心希望我的學生能夠做到「永遠做個肯定自我的人」，這就是為什麼我要這樣「搞封面」的原因了。

學生第一眼看到照片的表情，是我最期待不過的，當然，他

們會有反應，我也都事先推敲過的，果不其然，有的害羞、有的臉紅，有些更當場拿了下來，恨不得有個地洞可以鑽進去。上述這些都是班上學生當下所有的表情。我知道他們心裡想的，但也把我最初的用意，與對他們未來的期望告訴他們，經過說明與了解後，他們也就很大方的通通擺回去了。

俗話說：「國有國法」，班級當然要有班規。我也擬定了班級規範，無疑的就是希望學生可以對這個班級、對自己負責任，當然，所有規範都是經過一一討論後，請同學簽名後才實行的，簽名的動作就是希望學生，可以學到誠信遵守自己所承諾的事情，這必須的過程也是學習負責任最好的方法。

我是個很在意班級清潔的老師，所以會要求學生將喝過的飲料杯、瓶或罐，一定要沖洗過才能丟到垃圾桶，就連鋁箔包也要求學生把封口剪開後沖水，而沖完水後壓扁，再以 20 個為一個單位，用橡皮筋捆起來，所以，別班的鋁箔包是一大包，我們班的則是捆得像禮物一樣，這樣的作法是希望學生可以養成做環保的概念，不只是維持班上清潔，更可以養成日後對處理事情的細心與耐心。別小看一個不起眼的垃圾整理，裡面蘊藏的內涵知識，也許就是學生將來成功的重要關鍵。

平日我會要求學生，務必將自我的課桌椅及周邊環境整理乾淨並維持整潔，就連桌椅我也希望同學能夠前後標齊、左右對正，學著整理自己的物品，「打掃、應對、進退」，維持整潔對現在的學生來說太重要了。因為現在的學生在家大多數是「大少爺、小公主」的，所以在日常生活中的基礎機會教育，在我看來是絕對不可少的能力養成。

我與這班學生的相處，可以說是沒有隔閡的，可能是因為我比較年輕，與他們之間產生的代溝相對就小很多，因此在討論事情時，得到共識是相當容易的，當然師生間的溝通、默契也是再重要不過了，在不能體罰的年代，如何在與學生的相處間取得平衡點，正考驗著每一位老師的智慧。我與這班學生相處一年的時間裡，有過歡笑，也不免俗套有「大聲說話」的時候，還有學生面對自己做錯事而負責任的──處罰，這些都是令我相當難忘的經歷。我想還有一件事會令我們大概一輩子都忘不了的，就是我們班在運動會當天，因為當時軍教片再度雷厲風行的流行起來，沒錯，我扮演了機車班長，而他們則是扮演一群可愛的天兵，有的把水桶拿來當鋼盔，有的內褲外穿，有的拿掃把當步槍，以上的演出正是校慶運動會當天我們的創意進場，當然，除了整場是歡樂鼓舞外，更是搏得滿堂喝彩。

　　與這班學生的緣分，也隨著我在松山國小代課任期的結束而畫下終點了，細數這段時間的過往點滴，我不求班上樣樣拿第一，但堅持學生可以對他們自己所做的每一件事情負責，他們的人生成長階段，還有好長一段路要走，社會大學的磨練更是尚未開始，但能夠提早養成許多好習慣，無疑對他們未來的人生，有著不可抹滅的重要性，而學習做人遠比拿第一名重要得太多太多了，也許第一次當導師的我，不可能做到盡善盡美、十全十美，但該給學生對人、對事的正確觀念，我可是一樣都沒少，當然，我自己也在這一年中，得到了且學到許多最寶貴的經驗。

　　五年甲班的同學，謝謝你們給了我當導師的經驗，我更珍惜與你們相處的那一段時光，我知道我很龜毛、很機車，我不是要做這些事情，讓你們來討厭我，我只希望你們可以因此養成對自己負責

的態度與習慣，讓這樣的態度與習慣，在未來會陪你們走向前方腳下的每一步，你們真的很棒，我會以曾經當過你們的導師，而感到無比的光榮與驕傲！

八仙過海

當年我的導師班，只有八個學生，各有所長，各懷鬼胎……

超級班長——阿珠

「五甲有阿珠，萬事都不輸」，這是我們全班對班上的超級班長所下的評語，有她在的地方，老師可說是真的輕鬆，不僅老師吩咐的一樣都不會少做，就連老師忘記的，她也都會幫你記得。

阿珠處理事情的能力，可以說細心至極，不僅會提醒同學該做這個，該做那個，就連老師我做錯的地方，她都毫不給面子的糾正我，如此熱心、負責的態度，真是老師的超級好幫手。她的頭腦就堪比電腦一樣，現在有智慧型手機，我看阿珠也可以稱得上是智慧型班長了！

她的功課可說是班上前三名的常客，有時對分數或是排名，也會有一定程度的計較，不過她的 EQ 是相當高的，可以快速的把不開心或難過的事情給忘掉了，我看，她這樣的性格與處事態度，或許在未來的台灣，可擔任相當重要的內閣或官員也說不定喔！

超級狗仔隊——阿芳

八卦雜誌、狗仔隊，很稀奇嗎？我們班就有個包打聽兼超級狗仔——阿芳，說到阿芳，對很多事不只充滿好奇，對於八卦更是無

一不問，稍有一點風吹草動無事不追，特別是關注於班導師我的大小事情，她幾乎通通管到。小至我的家庭生活、私人行程，大至感情生活等等，她管的可比我家的皇額娘還多呢！

阿芳的精明可不只於此，她也是前三名的常勝軍，對分數更是斤斤計較，多給她的當然感恩笑納，若少給她的，你可就吃不完兜著走，永遠很在意自己的表現與形象，她總是希望把自己最好的一面呈現給所有人，當然在自我要求、管理上也相對的高。

班上有了阿芳後，我們從不擔心，會不知道、遺漏掉全校現在所發生的任何一件事情，她永遠會給我們最新且最正確的第一手消息，她對事情的精準掌握與充滿求知慾的人格特質，我相信未來一定是新聞從業人員的不二人選。

以上就是本班級的兩位美女，接下來，帥哥們要登場囉！

超級金頭腦——小翔

小翔的金頭腦可以說對任何事情都過目不忘，特別是對於背誦古文或歷史了，他可以引經據典的提出許多看法，更可以做到罵人不帶髒字，這點可比我們的許多人民公僕高明許多！

有這樣的超級金頭腦，自然就是班上第一名的常勝軍，他的主要對手與次要對手，當然就是上述的兩位美女了，這三個人可以說是大家輪流做第一啊！但是小翔對於自我的要求也不在話下，只要老師交代的，他也是一樣都不差的給完成，有時還會因為自我要求太高了，而流下男兒淚呢！

小翔在成績上的自我要求與他那顆超級金頭腦，我想幾年以後，做個科技業的領航員再適合不過了，或許當個上遍各大政論節目的名嘴也相當合適喔！因為他還有一項最厲害的本事——拗！

未來的亞洲新舞王——小翰

如果學生上課上到一半，突然站起來跳一段麥可傑克森的月球漫步或是來個電音三太子，請老師你千萬別阻止，因為他有可能就是未來的亞洲舞王，而小翰就是最好的例子。

我上課最期待的就是看到他跳上這麼一段，彷彿整個血液裡充滿了停不住的舞蹈細胞，隨時準備噴發一樣，他的舞藝一流，節奏的掌握度更是了得，不過有一好就沒有兩好，舞過頭的下場就是大鬧教室了，當然這時我也得把他那渾身是勁的電流給關掉了！

也許因為這樣的好動而影響小翰的學習，或許成績不能拿第一，但具備這項專長，或許就是值得培養的賺錢本領，在小翰身上看到的特質，我已經感覺到在未來有一個亞洲新舞王即將誕生了！

美國大聯盟未來之星——小騰

小騰是在四年級時轉到松山國小，我很幸運的能在五年級教到他，對於棒球的執著，讓他的字典裡沒有放棄二字，他在之前的國小就是棒球隊的一員，由於對棒球的喜好，讓我與小騰有了更多的話題，我們不僅可以透過說話溝通，有時更可以用「暗號」來達到共識。

如此有運動細胞的學生，自然也就坐不住了，不僅上課會突然起身比個 STRIKE 或 OUT 的，更會起來趴趴走，但經過指正後他也都可以立刻的修正，彷彿比賽場上的選手一樣，可以為自己的缺失立刻做改進。不僅是棒球，小騰對其他的球類運動，幾乎都有信手拈來的運動細胞，彷彿任何有關球類的運動，都難不倒他似的。

　　或許小騰的志向不在唸書，但在我的眼裡，成績不好，那又何妨，也許小騰對棒球的熱情與執著，正是未來王建民與郭泓志的當然接班人，等到那一天，曾經當過他導師的我，何其有幸啊！

未來的超馬好手——小維

　　小維因為先天有統合能力失調的障礙，因此他在學習上是有困難的，有時是字寫反了，或是左右部首拼錯，但這些學習上的不足，都不能掩蓋他體能上的優點。

　　學校常常舉行長跑比賽，小維總是這項比賽的常勝軍，個子小小的他，經常是跑起步來臉不紅氣不喘的，他的強項不僅如此，還是游泳的好手，更是不畏懼的勇敢挑戰小鐵人三項的比賽，當然，也都有獲得優異的成績。

　　先天的統合能力失調症，給了小維學習上的阻礙，但卻為他的未來在運動上，開啟了另外一扇有無限可能的窗，我不想給小維任何課業上的壓力，因為他需要的是能夠發揮所長，我想，順著他的長處做適性的發展，未來台灣很快的會再多出一位征服極地的超馬好手！

好人好事代表——小全

我們的現實社會，需要多一點點願意付出的人，小全就是這樣的一位，班上有任何的事情需要幫忙的，小至倒垃圾，大到協助學校或老師們搬東西，他都會二話不說的立即答應，小全從不計較他會得到或損失什麼，他有的只有一份對人、對事的服務熱忱！

小全的樂天與樂觀是無人能及的，就算考全班最後一名，他也從不在意，他有的還是那一貫的笑容與口頭禪「沒關係啦」，學習成績或許真的不好，但他做起事情卻是對自我要求甚嚴，例如：美勞的作品有一點瑕疵，他都寧可重新再來一次，直到做到完美無瑕為止，對於別人的請託，他也都用同樣的標準看待。

在這個充滿物質與利慾的社會，願意真心付出的人，已經少之又少了，我在小全身上看到了這樣的人格特質，我們需要更多像小全這樣的人，來讓社會更加溫暖；我在小全身上看到了好人好事代表的最佳典範！

永不放棄與退縮——小賢

小賢，班上最瘦小並患有先天氣喘的一位學生，有一次因為氣喘與感冒發作的緣故，中午吃飯吃到一半，就上氣不接下氣的被我抱到保健室了。

對於這樣的先天氣喘，小賢也從不埋怨或感到不平，反倒很認真的去面對，並處理他所碰到的問題，絕不向這些先天的病痛低頭，寧可拿著氣喘的噴劑，也要跟上大家的腳步一起跑操場，這樣

不退縮與不放棄的精神，在小賢身上展現得淋漓盡致，擁有台灣人肯吃苦、不放棄與不退縮的剛毅性格吧！這樣的優勢對他將來也一定是無可限量的！

　　我希望每一位班級的導師，都可以看見學生的長處與特點，盡可能看優點不看缺點！而我的班級，就這麼八位寶貝學生，或許在常人眼裡的缺點，在我看來通通都是優點！我從不在意他們的成績或排名，但我相當注重他們每個人的人格差異與特質，更希望他們可以發展自己擁有的長才，這是作為「人」最大且最珍貴的資產，誰說一定要成績滿分才叫冠軍，這八位學生都是自己人生中的冠軍，只要能一一的發揮所長，未來我們一定會看見，這八顆閃亮亮的明日之星！

　　一晃眼時光的飛逝，果然，這些孩子們，現在也很認真努力地，在為自己的人生而打拼……

　　班長阿珠——已經從護校畢業進入醫院服務，憑著她的細心與用心，做個照護所有病患的白衣天使。

　　阿芳——現在正攻讀營養保健相關的科系，希望自己的所學與專長，可以造福更多人，讓人們遠離病痛，活得更健康、長壽。

　　小翔——承襲著金頭腦優勢，現在正在國立大學攻讀電機系研究所，我相信憑藉他的才能，未來定能在職場發光發熱。

　　小翰——當年的舞王，沒有往演藝圈發展，反倒十八變的認真扛起書本，目前在知名的國立大學攻讀物理研究所，能文能武的

他，將來肯定會嶄露頭角的。

　　小騰──果然承襲了體能上的優勢，目前在國軍擔任志願役，有個專職保家衛國的學生，真是倍感無比驕傲呀！

　　小維──沒往體育之路邁進，反而轉向攻讀機械科系研究所，做機器手臂的研究，體能好、會唸書，未來一定是大有可為的。

　　小全──把好人好事的特長發揮到了建築業了，目前跟著家族事業從事著建築相關的工作，我想，憑他那份熱忱，肯定能給屋主一棟安心與放心的住宅。

　　小賢──因有著餐飲相關的背景，目前與家人一同經營早餐店的生意，替大夥一天的精神與體力做最好的準備。

早餐約會

　　早餐約會的由來，要從我自己擔任導師班，科任課的社會課說起，說到關於台灣的介紹時，不能錯過的絕對是台灣的美食，幾乎可說是每個縣市、每個鄉鎮都有其特色小吃，當我介紹到嘉義時，火雞肉飯自然就成了必要的選項，一提到火雞肉飯，班上同學就開始你一言、我一語的，紛紛舉手發表自己吃過火雞肉飯的心得，有些學生或許不是在地的嘉義人，因此說出的都是名氣大於實際口感的店家，而我最意外的是……竟然有一位同學告訴我說……

　　老師！我從沒吃過嘉義的火雞肉飯耶！

　　聽到這個答案我差點沒被嚇傻，內心糾結著：「不會吧！從學校附近到嘉義市，也不過才十出頭公里左右，怎麼可能連嘉義的火雞肉飯都沒吃過啊！」我用那很不可思議的表情、溫和的語氣，再度向這位同學詢問一次，得到的答案還是肯定的，這時我便下了一個決定，我對全班的同學說……

　　既然有同學沒吃過嘉義的火雞肉飯，那好，明天早上，你們就告訴爸媽別準備你們的早餐，老師我明天一大早，就去買嘉義人口中，不僅好吃又便宜且名聲響亮的火雞肉飯，來請你們品嘗一次！

　　（註：早餐吃火雞肉飯，或許在很多人心裡都覺得不可思議，可是在嘉義確實是有的狀況，許多火雞肉飯店家都是早上五點半就開始營業了，或許是飲食習慣的不同，才會讓我有機會幫學生買火

雞肉飯當早餐！）

　　此時，學生們自然是情緒高漲、樂不可支的，隔天，當我將早餐送到班上時，學生們滿心歡喜、純真開心的表情，更是讓我難以忘懷，也許偏鄉的小孩就是這樣的知足惜福，一個再簡單不過的雞肉飯，都可以讓學生表現得如中樂透般的開心，也因為這樣的一個舉動，讓我無心插柳的製造了許多次的「早餐約會」。

　　進入到國小的義務教育，我才深刻體會到老師與學生有多麼辛苦，當導師不僅要身兼數職，更要有集十八般武藝樣樣精通之功夫於一身，而學生自然也就不遑多讓了，直笛隊、陶笛隊……等，特別是現在提倡的一校一特色，更是充分的展現各校優異的藝文才能，在這精采演出的背後，辛苦的練習絕對是可想而知的，像我曾短暫服務過的松山國小，學校就是以其鼓樂隊為最著名的特色。這樣的練習當然不會選在正課來進行，能夠利用的或許就是短暫的早自修時間了。

　　就因為早自修常會有不同的項目，得在不同的日子作練習，再加上全校鼓樂的練習，一週五天的早自修，週一有的學生可能得參與直笛隊的練習，週三陶笛隊可能要排練，能夠全班到齊的日子，通常也只有一天或兩天而已，既然這一、兩天全班都可以在一起，那自然就是我這個導師最好利用的時間，我盡量善用全班都在的時間，讓學生在早自修看英文 DVD，不論是什麼題材都好，有關教學上或是電影取向的，只要能引起學生學習的興趣，我都會讓他們一起來觀看，更因為一個在地美食──火雞肉飯，引起學生如此大的興趣，那就善用這難得的機會，順便買早餐給學生吃，不僅顧到了五臟廟，同時也讓學生可以多學點英語，這正是我與學生的「早

餐約會」。

　　或許在很多老師的眼裡，早自修不看書、不唸書的，全班一起吃早餐，老師更是始作俑者，這像話嗎？成何體統啊！可是相信我，不只是像話，學生的反應更是好得不得了，而且這正是我與這班學生們培養感情最好的時刻，透過英語影片的播放，學生看了自然就會提出問題，我們更會針對影片的內容加以討論分享，因爲這是從內心自發性的提問，也提升主動學習的意願，我也一一的針對他們的問題，向他們解答說明，若再有可以共同討論的，全班自然的陷入一片瘋狂的激辯中。

　　吃早餐，我相信在很多人的觀念裡，是再重要不過的一餐，而我會這麼做，是因爲我知道班上有一位學生，早餐通常只有一杯牛奶，有時甚至什麼都沒有吃就來上學，簡單的一杯牛奶，不僅無法補充身體營養，還會讓正在發育的他有營養不良的隱憂，因此有時候我都會多買一份早餐，與這位學生一起分享，但這樣的舉動，看在其他同學眼裡，難免會有不公平的想法，倘若全班通通都有，這個狹隘的想法自然也就消失了。

　　沒有買火雞肉飯給學生吃之前，我還眞不知道這項食物對學生的吸引力竟然這麼大，當我知道隔天早自修不會有任何特殊練習時，我就會向學生詢問……

　　明天早自修想吃什麼？還想吃火雞肉飯嗎？

　　答案絕對是肯定的，且屢試不爽，透過這樣一個吃早餐，看英語影片的過程中，不但培養我與學生間的師生感情，也拉近了彼

此的距離，若是不看英語影片，我也會藉機和學生討論分享，生活中許多的點滴與自己的經歷和體驗，在我的觀點裡，課本絕對不是老師與學生間，唯一可達成共識的話題，經驗的分享與溝通往往是促成師生關係良好的不二法門，當然，若班上有任何表現不好的地方，這個時間當然也會是「算帳」的最好時機了。

一學年的時間裡，當然不是每次都買早餐給學生吃，不過看英語影片倒是從沒少過，我這樣的分享，絕對不是希望每個老師都去幫學生買早餐，但我卻在這樣的過程中，更拉進了與學生的關係。我希望老師們都可以善用時間與機會來和學生溝通，在我過往的教書經驗裡，有很多時候，學生會和我分享的事情，不見得會和自己的父母親分享，老師在這時就扮演相當重要的角色，你可以在第一時間知道學生的想法與需求，進而合宜的做機會教育，也許有些錯誤的觀念，就可以同時加以修正，不僅能幫助孩子及父母親，更可以增加親師生的情誼，何樂不為呢？

一個無心插柳的話題，讓我成功製造了多次的「早餐約會」，透過不同的方式，營造學習與溝通的環境，當老師的您不一定要買早餐，但我希望您可以試著和您的學生來場不一樣的「約會」，或許會得到您意想不到的效果與收穫喔！

雲門舞集的感動

　　二十幾年的教書生涯，我想這篇會是讓我畢生難忘的故事，2010 年，適逢上海舉辦世界博覽會，我所兼任的社會領域課程，也不能缺席把如此重大的活動教授給我的學生們，從新聞台的各項介紹，以及 YouTube 上所能搜尋到的任何資訊，我都讓學生透過這些不同的管道來認識世博。

　　當年世博台灣館的主題曲〈台灣心跳聲〉，是由當紅偶像歌手蔡依林所演唱的，簡單的旋律，貼切的歌詞，在我第一次聽到時就感動不已，透過文字的傳遞，將台灣的特色及人文藝術描寫得如此深刻且細膩，我也在課堂上迫不及待的與學生分享這樣的感動。當然，因為蔡依林的關係，讓學生激起想學這首歌慾望，我想，偶像藝人對小孩的學習，真的有無法抗拒的魔力，聽了幾遍後，學生幾乎都可以跟著哼唱了。學生唱著唱著，唱到了其中這句歌詞的時候……

　　少一點仇恨，多一點的我們，少一點寒冷，多一點的溫存，用狂草寫雲門，用蜂炮築一座城……

　　突然有學生舉手問我，老師，雲門是什麼門？那片門在哪裡？為什麼要用雲做呢？

　　頓時笑聲四起，但那時的我，卻被這樣的一個問題給問住了，我非但感覺不到一絲絲的笑意，反倒在心裡多添了幾分無奈與無助，心想，雲門舞集不是很有名嗎？原來只是我一廂情願的想法罷

了。學校的學生多半來自務農（種鳳梨）的家庭、隔代教養及新住民的孩子，務農的父母親因為平時農事的忙碌，自然少了帶孩子參與藝術表演的機會，更別說是由祖父母或是曾祖父母所帶的孩子，有時因為家庭經濟的因素，讓這裡的孩子失去了參與美學與藝術活動的機會，我們無法要求這些家長花錢帶孩子去看這類型的演出，畢竟是收入低的家庭，所有額外的付出，對他們來說都是奢侈與浪費，再回過頭想想，學生會問出這樣的問題，我也就不感意外。

當下的我立即找了許多和雲門舞集相關的介紹或報導，讓學生們可以更加認識雲門，當下課鐘響，我獨自走回辦公室時，心裡沒有分毫的放鬆感，腦海跳出的第一個念頭是，藝術是感動人心的，而不是上課可以上得出來的，更何況是雲門這種現代舞蹈，除了舞蹈動作加上肢體上力與美的表現，若沒有親身經歷怎能體會其中的美與感動呢？雲門舞集是眾所皆知的國際性表演團體，我的能力有限，大概也沒辦法邀請來學校表演吧？就這麼剛好，在放學返家的途中，看見了雲門舞集要到嘉義演出——流浪者之歌的大海報，那時的我心裡只有一個想法，怎樣幫助我們學校的學生有機會可以來認識雲門舞集。

一路上反覆的思索如何幫助這些孩子，就在此時讓我想到了雲門的靈魂人物林懷民老師。2008 年，因為受到現任公益平台文化基金會董事長嚴長壽先生的邀請，有幸到台北亞都麗緻飯店參加《做自己與別人生命中的天使》這本書的新書記者會，也因為這場新書記者會，因緣際會，讓我有機會碰到林懷民老師，席間和林老師聊了幾句並且拍了張合照。回到家找到相片後，馬不停蹄地把這張照片拿去加洗一張，內心興奮的想著，這不就是我最好的機會嗎？當時的我也不知哪來的傻勁與厚臉皮，就只是很簡單的想著；

雲門就快要來表演了，再不做機會就會消失了！於是我帶著一股傻勁的提起筆寫了一封信給林懷民老師，一開始，我簡單的介紹了自己，也把學生上課問我的問題，在信中讓林老師知道，當時我壓根不敢多想與期待，我只是希望雲門舞集到嘉義來表演時，有機會可以讓其中的舞者或是老師，利用排練的空檔到學校來作客，順便跟同學們分享有關雲門的點滴。就這樣，隔天一大早我便到郵局寄了最快的快捷郵件，把這封讓我既期待又怕受傷害的信件，寄往雲門舞集的台北辦公室。

信寄出去後，心中的大石頭好像也減輕不少，說不定這是一封石沉大海的信，如此國際性的舞團或許也沒這麼多時間可以撥出來，但至少我踏出了這第一步。當天下午，我怎麼也沒想到，我竟然接到了雲門舞集打來的電話，那時電話一接起來就聽到：「請問您是黃老師嗎？我這裡是雲門舞集。」當下的我傻掉了，心中一陣悸動，這是真的嗎？那時聯絡我的是雲門舞集陳秀娟經理，她告訴我，林懷民老師下午一接到信之後，便請她立刻撥電話給我，向我詢問相關的細節，並表示林老師非常樂意跟學生們分享藝術教育，願意把其中一場的教育場次，提供位置給我們學校的師生們，歡迎我帶著學校師生們一起去看〈流浪者之歌〉，當時我心中的感謝與感動，只能當下不斷的透過電話，表達我最深刻的謝意。

向學校報告了這相當難得的好消息後，我也希望藉此機會可以教育我們的學生有關於參與國際性表演所需注意的細節與禮貌，而雲門舞集也寄了些資料，希望我可以讓學生更認識林懷民老師與雲門舞集，透過這些資料的分享也讓學生知道林老師對舞蹈及表演所下的註解，那就是「藝術是稍息，不是立正」。這幾個字的解釋是，藝術本來就沒有對錯，全憑個人當下的感覺，所以無須用嚴肅

的心情去看表演，只須要放鬆心情來體會其中的感動卽可。

　　花錢要花在刀口上，我個人認為教育，應該是在最適當的時機，給予學生正確的觀念。當同學們得知這個千載難逢的消息後，都相當期盼參與此次的藝術活動，而我也善用這難得的機會，教導學生們「如何正確的觀賞藝文活動表演」，從最基本的注意服裝儀容到節目進行中的禮儀禮節，乃至於演出時非到不得已儘可能不上廁所的觀念，更因為學生們在意這樣的表演，因此每個人無不用心聆聽，並仔細地記下每一個該注意之細節。

　　正式演出的那天，令我相當感動的是——除了雲門每一位舞者的用心與精采的表演外，再者就是這群學生們，我可以很驕傲地說：「同學們，你們太棒了！」因為全校的學生們在表演這段期間，竟然沒有一個人說要上廁所，反倒是相當專注的從頭到尾看完了整場表演，這是多難能可貴的事情，因為雲門舞集的現代舞，有時候連成年人都不見得能很專注地看完整場表演，更何況是這群才國小的學生們，因為擁有難得的機會，所以更加珍惜。

　　舞者演出結束後，林懷民老師特別走到台前，向在場的觀眾及學生們致意，也和同學分享了這齣舞碼精闢的點滴。當林老師與現場觀眾互動時問了一句：「各位現場的觀眾們，看完後有什麼感覺啊？」現場一片蕭靜，只有我們學校一位三年級的小朋友舉手回答說：「我感覺心裡很寧靜！」是啊！多麼簡單又明瞭的答案，卻是從一位三年級的學生口中所回答出來的，當然這樣的答案，也獲得現場觀眾們的滿堂喝采和如雷掌聲，更讓我們學校的老師們臉上露出不可置信的表情和與有榮焉的驕傲，因為這位學生在校是屬於比較活潑好動的，但是看完舞者的演出後，竟讓他產生內心的寧靜，

如此簡單的兩個字——寧靜，不就是這場舞蹈演出最好的註解嗎？

　　藝術雖是一門學科，但藝術背後的真正目的，是要撼動人心的，看完雲門舞集的表演後，這個話題在我們學校，還持續被學生討論、分享了許久，我也常常在夜深人靜的夜晚，靜靜的思考，把學生從不會教到會或許有點困難，但是要感動人、溫暖心卻是如此的簡單，透過簡單的肢體、細膩的舞姿，即使有點沉悶的舞碼，都可以給予我們不同的體悟與感動，看見這群孩子觀後的那份激動，我更確定當時在做這件事情的初衷，是正確的、是對的，也許依我個人的力量，沒有辦法感動、溫暖所有人心，但我永不放棄任何一個機會，來替這群學生們尋找任何可能的資源，特別是在藝術或美學，這種需要透過感官來感動人心的科目上。我不能預期我們學校有多少學生，在看過雲門舞集的表演後，未來會立定志向要朝舞蹈、藝術美學發展，而我堅信學生們在這個過程中，做到了百分之百優質觀眾所需具備的條件，這不就是教育中的教育嗎？藝術是感官的感覺，感動卻是非言語可教，正如俗話說「只能意會，不能言傳，又非言語筆墨可形容」，透過這樣的身體力行、讓這份親自體會的感動記憶長留在我們每一位師生的心中。

　　我希望每一位在教育第一線的老師，可以把握住身邊的每一個可能，不放棄地去替您的學生，爭取任何一個可給予教育或是感動的機會，也許是困難的，但不做永遠沒有機會。

　　林懷民老師，感謝您與每一位雲門的舞者，用最簡單的肢體與表演，不靠文字的撰述、華麗的聲光效果，只靠那一份最簡單的「真實」，感動了這群孩子，不論多或少，我相信每一位孩子的心中都會有那麼一段雲門舞集的〈流浪者之歌〉，謝謝您。

不一樣的感恩節與聖誕節

　　體驗外國的節慶文化，在學習英語的過程中，可以說是再重要不過的一環。對美國人而言，感恩節與聖誕節無疑是兩個非常重要的節日。從美國總統林肯開始，在感恩節這天都會赦免一到兩隻火雞，讓牠們回歸田野，永不宰殺。所以在每一年的感恩節，美國總統都會遵循這樣的傳統，當面來赦免火雞，讓某一隻火雞免於被當成桌上的佳餚。而聖誕節就更不用說了，聖誕節的意義就如同我們的農曆新年一樣，分送禮物給親朋好友，期待相聚在一起的時光，大家紛紛採買、準備聖誕節禮物。這麼特別的節日，若想親身體驗，還得大費周章的買機票、辦簽證、護照等，到國外當地去感受節慶的氛圍，或許經濟條件許可下，這樣做當然沒問題，可是對這群偏鄉學生來說，別說搭飛機，就連火雞有些學生都沒看過，更是連吃都沒吃過呢！出國，當然就更甭說、甭想了。

　　當英語課程即將碰到感恩節之際，我就在想怎樣營造感恩節的情境，讓學生們也可以身歷其境的體會，感受一下外國人過感恩節的氣氛。既然買不起飛機票，那簡單的買隻大火雞來應景一下，品嘗火雞大餐應該也是可行的！當我把這樣的構想提議給學校時，同事們也是相當興奮的，在學校這麼久，還真沒有吃過美國人正港的火雞大餐，學校同意後，我便聯絡嘉義縣新港鄉火雞達人——楊秉華先生，楊先生的工作就是火雞農場的主人，從飼養火雞到最後的烹煮，他幾乎是一手包辦，當我把構想告知老闆時，他更是相當豪爽的答應了，不但給我最優惠的價格，還說要親自到學校，來幫學校師生做火雞的解說及服務，他告訴我，他本身就是在鄉下長大的

孩子，更可以體會到偏鄉教育資源的不足，所以像這樣的活動，說什麼都要大力支持的。

感恩節當日的食物——火雞，搞定了，那還少了什麼？當然就是那一群孩子心中的天使——外國老師了，所有在異鄉工作的人，如果能在異鄉感受到家鄉過節的感覺與氣氛，我相信這股暖暖的感動，會停駐在心頭許久的；而這些外國老師，當然是我一定要邀請的對象。

當我帶著一顆誠摯的心，前去邀請可愛的外國老師時，他們不但興奮地一口答應我一定會參加，並且還會準備感恩節的故事以及帶些活動，讓學校的師生們可以深切體會外國人過節的氛圍與感受，這樣的答覆真的讓我充滿無比的驚訝與歡喜，更是相當難得的一次體驗！

很快的來到感恩節這一天，所有的外國老師都穿著相當正式的服裝，帶著所有的活動道具及樂器，無非就是想讓這群學生們，感受從未體驗過的感恩節節慶的氣氛，課堂上的氣氛就更不用多加撰述了，學生們幾乎快失控了，活動的最高潮，即是當學生們看到一隻大火雞，緩緩的從餐廳門口推入的那一刻，全場瞬間安靜了下來，一秒、兩秒後……全體師生哇～的一聲，屋頂彷彿都要給掀翻了一般，就這樣，同學們與外國老師們就在短劇、詩歌，火雞與歡笑中，度過了一個從未體驗過的正港感恩節。

隨著感恩節的活動落幕，我又在繼續為即將到來的聖誕節大大的傷腦筋，到底要怎樣才可以讓這群學生們，再一次的體驗、過過不一樣的美式聖誕節？這時讓我再次的想起我的母校——協同中

學，也再次成為我搬救兵的不二人選。教會學校對聖誕節是相當重視，是救世主——耶穌誕生的日子，而協同中學是基督教路德會所成立的學校，在我國、高中求學生涯的六年裡，最令我難以忘懷、印象深刻的事，就是每年的聖誕節，幾乎整個十二月大家都處於無心上課的狀態，因為每年都會舉行聖歌比賽，我們都會去向老師借課來練習聖誕歌曲，同時，我們全班還要動手去製作裝飾品，拿來布置聖誕樹。在您腦海中是不是浮現一想法，布置聖誕樹那是多麼簡單的一件事啊！大賣場隨便就有在賣，而且還是琳瑯滿目、各式各樣、目不暇給的！若你是這樣想的，那就大錯特錯了，我們的聖誕樹布置就是要把學校裡面，所有大大小小的樹全都點綴起來，不僅要符合環保綠生活的概念，還要有故事性，因此每一年一到十二月，大家總會用盡所有的創意與創新來用心的準備，就是為了這天與這一連串的活動而努力。

因為有過這樣的體驗，我更希望把這樣創意、創新的體驗，讓我的學生們也可以透過一起共同討論、分享，將松山國小的校園，營造出屬於自己的特色聖誕節情境。於是我便又提著大大的臉，厚著臉皮的向母校提出，能否帶全校的小朋友，到學校來參與校內教會式的聖誕節活動，而學校也秉持著耶穌基督的大愛精神，當然二話不說地爽快答應了，不僅如此，還告訴我，學校會在當天替每一位小朋友準備一份聖誕節禮物，讓小朋友可以人手一包帶回家，我聽到後瞬間愣住了，不但沒被拒絕，還有意外的驚喜和喜悅，可是松山國小全校將近一百人，往返的交通工具怎麼辦啊？果然是上帝的恩典無限大，協同中學更是大大方方、熱情地支援這樣有節慶教育意義的活動，特別提供兩部校車，在聖誕節當天到松山國小接送學生們，去學校參與聖誕節活動。

如此令人振奮的消息帶回學校，雖然離聖誕節還有將近一個月的時間，但整個校園內早就有著截然不同的氣氛，學生們更是滿心期待聖誕節當天的到來。

　　活動當天，兩部校車一早就等在校門口外，就像聖誕老公公所乘坐的雪橇一樣，準備載著這群學生們去體驗，前所未有的節慶教育活動。校車抵達協同校門口時，迎接我們的不是別人，正是學校的外國老師，以及應用外語科的同學們，當他們得知我們安排學生要來參訪學校時，都熱情、主動的前來協助，帶領這些學生做分組導覽解說，參觀整個校園，有了他們的幫忙與帶領，學生們就更加自然與開心地融入聖誕節的教學活動情境。

　　活動進行中，我們學校的學生們，不但體驗了聖誕歌曲的激烈競賽，更參與了布置聖誕樹，這種布置法是需要高腳梯以及一大堆輔助工具，而這種聖誕樹布置活動，需要高團隊合作才可以完成的，與我們在大賣場看到的「聖誕樹」，當然有著天壤之別的差異。學生們透過外國老師的活動帶領與互動，延續了上英語課的熱情與興趣，我也看見學生們用著簡簡單單的字句，雖沒有「很厲害」的溝通，但也透過比手畫腳與任何可能的肢體語言傳遞、表達自己的想法，再加上每位學生臉上稚氣純真、可愛又忘情的笑容，我想此時的他們已經百分之百的，沉浸在聖誕節的氣氛中了。

　　聖誕節的快樂時光，好像有人偷偷的加 TURBO 一樣，一下子就接近尾聲了，在上校車前，人手一袋的聖誕禮物，如同為這有意義的節慶教育活動做見證一樣，而活動的見證就是現場的外國老師、外語科學生與這群小學生們，此次的聖誕節活動，就在每個人臉上那離情依依、難分難捨的表情，與嘴上表達的那一句「相約明

年再見」的話語中，畫下快樂又難忘的句點，返回學校的路上，學生們還是繼續的興奮地討論著，活動中所體會到的點滴，這是多麼難忘的回憶與體驗啊！

　　學生的學習——是需要多元再多元的，課本絕對不是唯一的教材，教室更非單一的學習場域。往往透過活動的參與，能讓學生在不斷的學習過程中，留下永難忘懷的經驗和回憶。既然身為人師，請您不要害怕開口求援，而我只要覺得對學生有助益的，從不懼怕向任何人開口，縱使再困難我都會去試著請求協助，哪怕需三顧茅廬也是甘之如飴，其目的只是希望學生，可以不斷延續學習的熱情與興趣，我相信身為人師的您，一定也懂這樣的道理，既然知矣，何不為之呢？

用熱情造就心中那片教育森林　　90

坐不住的寶貝

　　一百學年度的新學期，讓我有幸到嘉義縣水上鄉的柳林國小，兼任學校的英語教學工作，柳林國小的校園大了一點，班級數也多了一些，但我這次的任務簡單多了，只有單純的擔任三年級、六年級的英語課程教學，既不用教科任課也無須擔任導師的工作。在這樣的條件下，與學校的學生素未謀面，我便毅然決然的把「香港人」這套故事劇本，再度搬出來運用，希望可以如法炮製，我心中理想的英語教學情境模式。

　　在大學校任教的情況下，就有更多特別的學生出現在班上，今天我要敘述的主角——阿聰，一位三年級中度智能障礙，就讀於資源班的學生，他上課的時間都會隨班附讀的依附在班上，因為我抱持著任何情況下，都不能說國語的決心，希望藉此讓我有更多的機會，可以在與學生的互動中觀察到更多別人看不見的學習狀況。

　　我的印象非常深刻，在我第一天要到他們班任教之前，他們的班導師便匆匆忙忙的跑來找我……

　　班導師問道：「請問您是新來的英語老師嗎？」
　　我便回答：「是的，請問您有什麼事嗎？」
　　班導師繼續說道：「黃老師，是這樣的，我們班上有一位資源班的學生叫阿聰，有中度的智能障礙，上課的時候有時會有不受控制及坐不住的情形，不僅會隨意的走動，甚至還會走出教室外。」

班導師隨後又匆忙地補上一句：「黃老師，您知道嗎？他在開學當天甚至沒有到學校來，竟然到社區裡面去走了一大圈，還勞動很多人出去幫忙找人。我現在為了防止他這樣失控的情況再度發生，都會將教室的後門關起來，讓他不會再有到處亂跑，甚至跑出教室外的危險。黃老師，您上課時一定要多幫忙注意一下，我也已經交代了其他同學，以及他隔壁的同學幫忙看住他！」

　　哇！聽到班導師這麼一說，這一下換我開始緊張了，不過當我瞭解班導師的用意後，是希望我進教室前，可以知道這樣的情況，讓我做好心理準備，非常感謝班導師讓我有第一手的「寶貴情報」。

　　大家都知道，當有外國元首到台灣參訪時，在國際禮儀上為了表現歡迎都會施放迎賓禮炮，沒想到，我也有一天可以擁有這樣高規格待遇，而這樣迎賓歡迎我的不是別人，正是他們班導師剛剛提過的寶貝——阿聰，我的禮炮相當特別，是阿聰上課時最喜歡做且出奇不意的表演，他會先把手肘貼在嘴巴上，接著再大力地把氣吹出來，發出有如放屁般的聲音，這聲音就是歡迎我進教室時那超級大的——迎師禮炮！

　　阿聰在我眼裡，其實是位非常可愛的學生，身材是肥嫩啊肥嫩的，臉上有些微的雀斑更顯天真可愛，果然如班導師所說，他就這麼開始在教室走來走去的，不一會兒便走向我，用非常標準甚至是帶點稚嫩的京片捲舌音，對我說：「老師好！」頓時我發現阿聰好可愛啊！也沒想像中很難 hold 住的感覺，我回應他問了一句："Hi! How are you?" 他便笑笑地走回了他的座位上。正因為沒有說國語，加上是三年級的小學生，第一次接到英語教育（當然，

有補習、安親的不算），我便不厭其煩的，讓學生做一些很簡單的英語聽力練習，例如：Stand up、sit down 等，簡單的指令聽力練習，是讓我觀察學生的絕佳時機，聽不聽得懂？會不會太困難？往往在幾次的練習中，老師便可知道學生的初步學習情況了。

　　課堂中做練習時，因為阿聰聽不懂，周邊的同學也都會適時提醒、告訴他，現在老師說的英語指令，需要做的動作或事情，也好讓阿聰可以跟上大家的進度。當我講 Stand up 的時候，隔壁同學就會說：「阿聰，快一點站起來，老師現在要我們做的是起立！」話一說完，隔壁的同學便伸手過去扶起他，把他從座位上拉了起來，就這樣由他身邊的同學陪伴著學習，適時的提醒他現在該做什麼動作，可是在我的心裡其實是開心、高興的，班上的同學沒有因為他有中度的智能障礙，就看輕或是藐視他，反倒相當樂意的幫助他來學習，或許他根本不知道這樣的學習或動作有什麼意義，但難能可貴的是同學之愛，讓我甚是感動。

　　幾次的課程下來，終於有機會讓我領教到阿聰跑出教室的能耐，有一次上課，我回頭寫黑板時，突然有位同學大叫："Teacher...teacher..."，然後便急急忙忙地把手指向外面，我第一個直覺反應便是看向阿聰的座位，心中吶喊著——完了！椅子上沒人，真的是跑出去教室外面，這時幾位同學便有著如本能般的反應，我立刻與兩三位同學跑出教室，找回阿聰，有扶著他的、有握住他手的，我與同學們連哄帶騙的，把阿聰帶回教室內，並且不厭其煩地重複做一個「坐下」的動作，無非就是希望阿聰能看懂、了解要坐好，這是一件非常重要的事情。這一次的意外舉動，果然應證了當初班導師給的忠告，我也領教到阿聰「瞬間移動」的功力。
　　阿聰大部分的上課時間，都表現得很好，在我心中他真的是單

純、可愛的，因為他常常在上課時用「禮炮」來呼應我，告訴我真的教得不錯，就讓他用最佳的迎賓禮炮來鼓勵我吧！幾週的課程下來，阿聰在英語課程中越來越能融入，即使一個國語都聽不到，但是透過每次的練習和反覆動作，阿聰竟然能跟上幾個簡單的指令，"Sit down" 就是阿聰做得最棒的指令。或許他真的不懂這些動作的意義，但是在我眼裡所看見的，是班上這一群同學們，對阿聰最直接的關心與情感，阿聰的每一個舉動，都會引起同學們格外的注意與關心，同學們時時回首關心阿聰有沒有跟上大家的腳步。

隨著考試的到來，當我在黑板上幫同學們複習時，竟然發生了讓我意外的場面，比 12 響的迎賓禮炮還震撼，阿聰竟然主動舉手說：「老師，我要到黑板上寫！」多棒啊！這樣的學生都有勇氣願意上台，說什麼都一定要讓他上台表現一下，不論他懂不懂，肯上台就是表現自信的事。阿聰歡欣鼓舞的從我手上接過粉筆，開始完成連連看、圈圈看的題目，雖然最終的答案是連錯的、圈錯了，但是這對阿聰來說，是多麼難能可貴的事情啊！也許有老師覺得，反正你又不會寫，何必給你機會、浪費時間的上台，但我打從心裡給予最大的掌聲。讓我更加感動的是，竟然聽到同學們的嘴上說著：「阿聰！你寫錯了啦！不過沒關係，阿聰最棒了！」伴隨著全班如雷般灌耳的掌聲，阿聰放下粉筆帶著得意的笑容走回位子上。答案的對與錯，對阿聰來說或許不具備或代表任何意義，但對我一個初來乍到的老師而言，看見同學們與阿聰的互動，卻是我最彌足珍貴的記憶。

我對阿聰有著百分之兩百佩服的勇氣，但萬千感動卻來自其他的同學們，沒有用任何一絲看輕的眼神來看待阿聰，更沒有人用一絲絲藐視的口吻，來指責阿聰的錯誤，而是用最正面的鼓勵與掌

聲，給予最大的信心與關懷的力量。這樣的同學之愛，我相信不論是誰看見了，都會從心底發出最深刻的感動與驕傲。

阿聰的同學們，我替阿聰謝謝你們！你們真的好棒！

謝謝你們給阿聰的扶持與關心，在阿聰需要你們的時候，你們總是不吝嗇地伸出雙手給予幫助，阿聰或許難以開口向你們說聲感謝，但我相信你們的陪伴、掌聲與鼓勵，阿聰都能體會與感受，所有的陪伴學習、日常生活回憶點滴歷歷在心頭，他只是不會表達，他那無法說出口的感謝，請讓我代他向你們說聲「謝謝」，老師真心的為你們感到無比驕傲，往後在阿聰學習的路上，需要你們給他更多的關愛與協助，你們每一雙牽著他溫暖的手，是幫助阿聰在未來的日子裡，前進得更加穩健，學習得更加有信心的基石，我相信阿聰的每一個明天，一定會比今天更好、更有意義，因為有你們真好。

我在這個班上，沒有感覺到一絲絲的「輕視」，更沒有看見惡意的言語「霸凌」，讓我看見的、感受到的是滿滿的同學之愛，一份人與人之間，最簡單、最直接的關愛，適時的伸出雙手給予幫助與關懷。大家都知道「施比受更有福氣」，努力做個手心朝下的人，相信會讓更多像「阿聰」這樣的學生，在他們的求學路乃至人生的道路上，給予最大的扶持與鼓勵。

阿聰，這個坐不住的寶貝，在我眼裡著實是一位活潑且樂觀的「禮炮天使」！

註：在經過近一個學期後，有一次上課，阿聰突然手上拿支雨傘，

並舉手問我："Teacher, what's this?" 此時，時空彷彿都為阿聰的舉動暫停了，幾秒後，他的班導師和班上同學，無不為他的表現感到驚呼並給予熱烈鼓掌，當我告訴他 "It's an umbrella." 後，他再也沒有忘記過「雨傘」這個單字，英語課也變成阿聰最喜歡的課程之一了！

我這次應該可以及格了

如果考試的目的是為了讓學生對學習的信心崩盤,甚至是瓦解學生對於學習的熱情,那麼考試就完全沒有任何意義了!

隨著新學期的課程進行一個階段後,學生們陪著我這個「假香港人」,也上了一個多月的英語課程,總算到了第一次段考的時間點,由於我這種全英語的上課方式,考試方式一定會顛覆同學們的過往印象且有所不同。在我的教學方法中,主張讓學生們可以有大量的聽和說,安排在試卷上的自然也就會有這些選項,學生們時刻的都在想著這個「假香港人」,究竟會如何的出題考試?每日在既好奇又緊張、期待又怕受傷害的心情下,想著他們的第一次月考到底要怎麼考?

隨著科技的進步與電腦的便利性,早期的老師或許需要絞盡腦汁去命題,反觀現在的老師,非常幸福的有命題光碟可以使用,所有的題型、題庫通通收錄在一片光碟裡,老師只需要點選自己所屬意的題目或題型即可,不僅大幅縮短了命題時間,還可依照不同的難易度來命題。然而我這種上課方式若用命題光碟的題庫來出題,好像跟他們平時上課時,這麼多大量的聽與說有著些許的出入,目前現階段的英語教育,對英語的「聽與說」可說是少之又少,就連英語的月考,也幾乎沒有聽力和口語的考試,或許有也僅止於聽力而已,因此我就不想靠題庫光碟命題的方式,改用自己的出題方式,也唯有如此才能配合我上課的內容吧!

我在距離段考前的兩個多星期，就和同學們預告了考試的題型，一個是口語的考試，讓同學來閱讀英語課文，並給他們一個口語的成績，另一個就是傳統的筆試，但我告訴他們筆試的考試，內容會有一半以上的聽力測驗，而這兩項成績各占百分之五十，我怕學生聽到一半以上的聽力測驗，就會心生恐懼進而排斥、放棄，因此我把會出在考卷上的題型與考法，都先讓同學自行練習，目的就是希望他們可以習慣這樣的考試方式，我也清楚這樣的考法，對同學們是一個全新的挑戰。

　　說白話一點，我只是多了一項口試，其一的目的是希望讓同學們可以習慣有開口說英語的機會，更讓考試非只是流於形式的傳統筆試，其二之最大目的是希望幫同學們解套，讓他們在我這種全英語的上課方式下，英語都能考出個不錯的分數。這百分之五十的口試成績，完全操縱在我的手上，在學生還沒考筆試前，就已經有好幾十分掌握在自己的手上，如果筆試成績再加上去，幾乎所有人都可以有一個漂亮的英語段考成績。

　　考口試是一件相當耗時的工作，必須一個一個來考試，若遇到真的不會唸的學生，還得逐字逐句地帶他們唸一遍，但我覺得這樣的考試是相當有意義的，至少我把「開口說英語」列入考試，當我決定給學生加入口試前，就已經打定主意，基本分數就從八十分打起，哪怕是一個字都唸不出來，只要肯開口讓我帶著他把課文唸完，就有基本分數八十分，不是想送分，只想透過這樣的給分方式，讓學生可以因為「考得好」來建立對英語的信心。

　　口試前我都會幫學生反覆地複習，無非就是讓他們能有好的表現，一節課的口試考下來，還真的是有學生一個字都唸不出來，

這些人是剛學英語的嗎？錯了，他們可是六年級的學生，可見這樣的考試多重要啊！不會唸，沒關係，我就逐字逐句地帶他把文章唸完，也因為一個一個考，所以學生們都很好奇的，想看我到底會怎麼打分數，當這位不會唸的同學，看見我給他八十時，他竟然興奮地走回座位，告訴其他的同學說：「我有八十、我有八十耶！」聽到這種充滿信心的語氣，我就知道，我沒有做錯！

下課鐘響了，我利用這幾分鐘的空檔站在走廊上，看著午後的暖陽，也享受著片刻的悠閒，這時我聽見有兩個同學在我耳邊聊天，內容是……

A 同學：ㄟ……我告訴你，我這次的英語考試應該可以及格了！
B 同學：啊！不然你是怎樣，從來沒有考及格過嗎？
A 同學：對阿！我最討厭的就是英語，我最不喜歡上的也是英語課，因為我從三年級開始的英語考試，就從來沒及格過，這次終於有機會！有夠爽的！
B 同學：不對啊，考試還沒考完，你怎麼這麼肯定，你一定會及格？
A 同學：你不會算喔！就剛剛ㄚ，我的英語口試已經考完了，我看見老師給我 92 分耶！92 分占百分之五十，不就等於我現在已經有 46 分了，我只要筆試再拿到 40 分以上，換算下來並加總，我不就超過 60 分了！
B 同學：對耶！那我也有 44 分了，哈！原來英語考試真的不難耶！

這樣的談話內容，當然是建立在兩位學生不知道我聽得懂國語

的情況下，才可能在我身邊暢所欲言的。這樣的對話或許您覺得有趣，但當下的我聽得卻是相當難過，一個學生考了三年的英語都沒有及格過，試問您，這樣的挫敗感，學生還會有學習的動力與興趣嗎？

我相信您的答案，肯定也是沒有動力、沒有興趣的，所有學生對自我的認同或是取得別人的認同，幾乎都是從考試的成績來界定的，好的成績上天堂，考爛了就你家的事了。口試後果然看見我想看到的，那就是學生的自信心！考試不就是檢測自我學習的方式之一而已嗎？但學生卻因為從來沒有及格過，進而討厭英語，甚至連課都不想上了，有這麼嚴重嗎？

您相信我，就是這麼嚴重，而且這樣的案例，絕對是在每校、每班日日發生的，甚至不在少數。在教育第一線的英語老師們，你們可曾想過這些學生，因為多少次的考試與多少次的不及格，抹煞掉了學生對這個科目的信心與學習的熱忱，又有多少學生因為考試的失敗，徹底厭惡這個科目，從最早滿心期待地上英語課，到最後落入失望的谷底！

我自己唸書的年代，英語課是從國一開始，現在的學生，隨著 12 年國教的到來，台灣的英語教學有些甚至從國小一年級就開始，如果我們的考試方式、教學方式不徹底的改變，與其說是英語向下紮根，倒不如說是向下毒害，甚至是提早終結學生對英語的熱情。一個六年級學生，考了三年的不及格英語考試，就已經要將英語放棄了，那若他是從一年級就學英語，或許在國小三年級就宣告英語學習結束了嗎？考試是一時的、短暫的，厲害一點的可能考到博士班畢業就不用再考了，短一點的可能大學畢業就解脫了，有些

甚至更早，但學習呢？學習是一輩子的，如果在求學階段就完全把學習的熱情給澆熄了，那往後的人生還有什麼動力去學習呢？很多人討厭英語的原因，往往只有一個：「我唸書的時候英語怎麼考都考不及格，也沒機會用得到，後來也就放棄了！」

很快的考試的成績出爐了，我算了算，學生的成績果然一片大好，平均最差的都有六十幾分，考試成績一發下去，我看見每一位學生拿到英語成績的一刹那，臉上掛著那不可置信的表情時，更加肯定了我這樣的初衷與作法。

我堅持不說國語的上課方式，是爲了讓學生有充分機會，培養自我的聽、說能力養成，這樣的考試方式無非就是想用不同的方法，來喚醒並建立學生對英語的信心，提升對學習英語的熱情與興趣，讓學生們上課可以聽英語、說英語，就連考試都可以考得很好，這樣一來不只可以讓學生考得好，更可以因爲考得好，讓往後的學習增添了無比的自信心。

我的考試方式，也許帶一點點作弊，一點點的放水的疑慮，但經過這一次的考試與測驗方式，我更加堅定的相信「要做對的事」，各位站在教育現場第一線的老師們，特別是英語教師們，如果你們願意做一點點改變，甚至做點小讓步，運用靈活的命題型態，讓你們的學生因此喚起對學習的信心與熱情的話，Why not? Just do it!

自己累了，學生懂了，值得了！

　　現今的教育環境最簡單的分法有兩種，一種是義務教育，而另一種就是補習教育，國小是義務教育，不論家庭背景，有錢沒錢都會來就讀，但另一種就是補習班的菁英教育，因爲多數的家長都希望小孩贏在起跑點，因此對進度、對課程也多數是有要求，當然，學生的素質也相對較整齊。

　　我從事補習教育領域，在其中十多年的歲月裡，也見證了補教業因爲少子化所受到的衝擊，還記得當我第一年在補習班任教時，每班的學生平均是十五位，當時在學校周邊必有補習班的林立，因爲補習班怎麼開就怎麼賺錢，誰會想到因經濟的壓力與大環境的影響，讓台灣慢慢地出現少子化的問題。隨著補習班的金雞母變少了，補教市場的經營也越趨困難，現在甚至有業者是三位學生就可以開班，再慢慢地收插班生，或許當下划不來，但可確定的是，無論經濟再不景氣，有能力的家長，多半還是會想把孩子送到補習班去，或許有一部分家長是眞的在意孩子的學習，有一部分的家長就是「盲從」，原因非常簡單，鄰居的小孩放學都去補習了，我們家的寶貝怎麼可以放學回家沒事做？因此也不管孩子是否想、是否需要，都會被家長「說服」到補習班去上課。

　　額外的補習費用，對中、高社經地位的家庭負擔不大，但對於另外一群隱匿於社會角落的弱勢、低收及隔代家庭，無法到補習班做加強、學習的孩子怎麼辦？從補習教育踏入學校教育，雖然只是一個不起眼的代課老師，但我卻擔心這些小學生，會因爲家庭環

境因素的不同，而在學習上差人一截，所以我便因材施教，用適合個別差異的教學方法，讓他們建立信心與提升學習熱忱。成績可以暫時輸掉，但學習的興趣與信心輸了、放棄了，那就是影響一生的事。

因為我教的是英語課，所以我會想盡各種方法，將英語內化、在地化後，讓上課變得更活潑、生動和有趣，目的就是讓學生在第一時間喜歡上英語課。說真的，回想過往上課的方法，會讓自己超級累，可能在備課、上課的時間，需要花上比別的老師多五倍，甚至更多的時間，有時只為了描述或演出一個概念，但如果我這麼累的上課過程，能換到學生的學習成就，那肯定就值得了，有做就有機會改變，不做就沒機會了。

以下我例舉一個簡單的例子，這是我在教三年級小朋友時所發生的……

My... 我的，your... 你的，這兩個簡單到不行的單字，我懂，你也懂，可是對剛剛接觸英語的三年級學生來說，在上課聽不到一句國語的情況下，怎麼樣去詮釋這兩個簡單的字以及其意思呢？

我把自己的課本抱在胸前，並走向每一位班上的學生，在他的面前自得意滿的，用手先指向書再比向我自己，並說著 "My book"，班上有多少人我重複做多少次，目的就是為了達到後效強化的觀念。前幾個學生當然是看得一頭霧水，老師到底在做什麼啊？但這個動作的重點就在手指比向自己，因為這不就是讓小朋友藉機可以猜到「我的」這個概念最重要的動作嗎？

一遍夠嗎？當然不夠，這時我又把手上的手錶拿起來，接著又一個一個、一遍一遍的告訴他們 "My watch"，就這樣不斷的重複同樣的動作，終於在我的耳邊聽到有學生說：「啊！我知道了，老師在說那是他的手錶啦！」就這樣過了半個小時，學生才聽懂我想表達的概念。

　　那 your 怎麼辦？這次我把 my 的概念一起放進來，我一樣又拿著我的課本，走到每個學生面前，先用手比向自己的課本並說 "my book"，接著我先用手比學生的課本，然後把手比向他，接著我就說 "your book"，學生好不容易剛弄懂 my 的概念，怎麼又跑出個不一樣的，但因為有 my 的概念，要再了解 your 就容易多了，同樣的練習方法、同樣的動作一再重現，直到有學生說出：「老師是在說你的書啦！」聽到學生說出答案，內心稍稍暗自竊喜了一下，終於有人說出正確的概念！

　　夠了嗎？肯定是不夠，學生還處在模糊不清的混沌狀態，因此我又再次的將同樣的作法，換不同的東西再做練習，一直做到學生都可以很清楚的點頭理解，知道我想表達的意思，才能確定他們已經了解 my 和 your 的概念。

　　最後的收尾動作，就是請同學拿起手上的書，並學我抱在胸前，將手指舉起來，朝自己並說 "My book"，然後再將手舉起來，把手指向前面同學並說 "Your book"，接著換我不說話了，只用手比，目的就是讓學生自己開口說，當然，這時學生已經可以很清楚地說出 my book 和 your book 了。

　　兩個單字，這麼簡單的 my 和 your，花了我整整八十分鐘兩

節課的時間，不厭其煩的與每一位學生做著重複的互動，同樣的動作做了上百次，我的目的就是讓學生透過這樣反覆的過程，能夠真正去猜出來，我所想表達的意思，也請你相信——學英語，猜⋯⋯是最重要的。透過老師比手畫腳地演，加上肢體的動作，讓學生猜出意思，這樣的學習才可以讓學生真正的「懂」，而不是「老師用國語告訴他們，他們才懂的」。我相信老師們一定覺得這是完全沒有投資報酬率的作法與教法，甚至有點看不起我這樣的教學，如此簡單的兩個字，my 和 your，加上國語的意思，「我的」、「你的」在短短的 30 秒就可以結束的教學，我卻花了整整八十分鐘的兩節課，看在別人眼裡可能覺得我太瘋狂了，但我告訴你，這不但不瘋狂，還能看見學生在如此冗長的瞎猜與過程中，可以很清楚分辨 my 和 your，我更加肯定的告訴你，我的學生更會因為透過這樣的反覆練習，而忘不掉這兩個字的意思。這就是外國人學英語的方式⋯⋯我們不也是這樣學母語的嗎？

我上課，要唱、要演、要畫、要比手語，說學逗唱都用上了，為了表演還會被學生笑說老師很白癡，記得有一次上三年級的課時，突然有學生迸出一句話：「Teacher! Rocker!」我一聽，連 Rocker 都出來了，怎麼辦？我立即去拿了隻掃把，做出搖滾樂手彈吉他的動作，表演結束後，再用手做出搖滾樂的招牌動作（就是將大拇指、食指、小拇指伸直，並往天空一比），再外加一句 Rock！沒想到這樣的臨場一演，贏得全班學生的尖叫和掌聲，這樣的掌聲與尖叫我還真擔待不起啊！因為從那次之後，每次上課學生都會輪流說 Rocker，害得我隨時都要準備來搖滾一下，這樣的英語課真是 HIGH 爆了！你相信嗎？上述的這些過程，連一句國語都沒有出現，而是 ALL ENGLISH，靠的就是 BODY LANGUAGE 以及我和同學間那不可言喻的默契了！

三年級的學生都可以這樣上課了，高年級對這種上課法的領悟性相對就高很多了，不過因為懂更多了，所以我需要更多的準備與演得更多，上課的氣氛更熱絡了，我也就更累了！但高年級與我的上課默契，可不會在下課鐘響就結束了，下課時總會有一群學生圍著我，並且還用「茱英語」來關心我，當然也包括我的私人問題。姑且稱為狗仔隊吧！因為關心的問題類型，真是五花八門啥都有，學生看到單身的男老師，百分之一百萬都會問的問題，就是 Do you have girl friend? 但我第一次聽到學生開口問這問題時，竟然不是這樣問的，他們是這樣問我的⋯⋯

　　Umm...Teacher...You（手比我）...girl...（接著⋯⋯用手比了個愛心）Ha...Ha...Ha...

　　若是你，想都不用想也知道他們想問什麼問題，就是問你有沒有女朋友了！這樣的「茱英語」不就是教學的最好時機嗎？因為我懂，便把正確的問法告訴他們，並請大家跟著我說一遍，Do you have girl friend? 學生也因為在這邊問邊學的過程中，進而學到正確的英語，至於這問題的答案，就沒那麼重要了！學生們真的很聰明，學會了這個句子後，就舉一反三的問了更多的問題，例如：Do you have e-mail?、Do you have MSN?、Do you have FB(Facebook)... 等，這樣的過程不是都在學習嗎？而且都是基於他們有興趣，又無壓力的情況下而做出的學習舉動。上述這些，有哪一點是考試會考出來的？一樣都沒有，但他們學得多開心啊！上課時我教學生課本的內容，下課呢？不，我沒有下課時間，因為我的下課時間，就是眾多狗仔記者的公開聯訪時間，外加糾正「茱英語」的時間，您問我累不累？我累爆了！

這樣做值得嗎？ Of course ！我希望學生們能一直保持學習的興趣，哪怕是我的下課時間，我再累，只要他們願意開口說英語，我都會打起十二萬分的精神與他們對話。對於上課的內容與課程，我從不趕進度，寧可讓學生聽懂了再進入下一步，否則一定會反覆加強的多上幾次，學校的進度只是表格上的內容，教務處公布欄上的一張紙，對我而言，學生懂不懂，有沒有真正的了解，才是我在意的重點。說句真心話，小學的英語能學到多了不起的程度，國小畢業托福滿分？多益滿分？當然別多想，但是保有學習熱情是遠遠超過這些的，從事英語教學這些年，我就是看過有學生連國小都還沒畢業，英語就放棄了，所以我怕我的學生也會變成如此。

　　我教的學生是會運用英語，而不是只會考試的機器人，而且我有把握，我的學生在遇到說英語的任何場合，或許單字沒學過不會講，文法會用錯，但他們絕對不怕開口交談，因為⋯⋯習慣，就這麼簡單！上述的作法，是我自己很堅持的教學方式，老師們或許覺得這是沒有效率、浪費時間的作法，不過，這卻是我多年來的堅持且執著的！有做就有機會改變，不做就沒有機會了，雖然這樣上課累了我自己，但學生懂了，我想也值得了！

上課時間⋯⋯40 分鐘

鐘點費用⋯⋯260 元

熱到破表的上課氣氛⋯⋯超過 100 度

學生的學習興趣與熱忱⋯⋯無價！

一場跨越語言的球賽

　　還記得台灣之光王建民當年風光，拿下兩年十九勝時所任職的球隊嗎？沒錯，就是 New York Yankees 紐約洋基隊，當年的盛況，就連早餐店的老闆娘都可以背得出先發打序，這支號稱邪惡帝國的球隊，在全球擁有萬千粉絲，當然，在我的學生中也有洋基隊的死忠支持者，而當年洋基隊裡又屬億元男 Alex Rodriguez，A-Rod 以及號稱紐約之子的 Derek Jeter 這兩名球員，名氣最大、身價最高，我所任教的班級裡，就有這兩名優異球員。

　　學期初，當我到每一個班級上課時，我都會一一詢問同學們的英語名字，就這麼巧，在這班上就有一個叫 A-Rod，而另一個就叫 Jeter，這兩名學生不僅是洋基的超級粉絲，更是該校棒球隊的成員，這學校的棒球校隊何其有幸啊！全美國大聯盟年薪最高的兩名球員都在！一個負責三壘，一個負責游擊，想不贏都難！

　　因為棒球的因緣，讓我在期初的第一節課時，透過棒球和這班的學生有更多的互動，當我得知班上有個學生叫 A-Rod 的時候，我就立刻扮演紅襪球迷的角色，不斷用力的噓他！這個舉動有在看美國職棒的一定不陌生，我的學生當然也相當清楚，他不但沒生氣，還拉近了我和他之間的距離。

　　在這個班級，每一次上課的開場，幾乎都是圍繞在當天的棒球賽，不管洋基是贏或輸，總會成為班上熱烈討論的話題，無庸置疑的每每都是運用英語做討論、分享的語言，我還因此花了些時間，

教班上所有同學每個守備位置的英語名稱，剎那間一股棒球的旋風與氛圍，就這樣環繞整間教室，彷彿置身洋基的棒球場般！你以為只有兩位男生瘋棒球嗎？才不呢！在這個班級，連女生都相當熱情的參與討論呢！

2011 年，洋基與底特律老虎隊爭取季後賽門票失利，特別是在最後一場，那位連吞三張老 K 的千古罪人是誰？不是別人，正是咱們的億元男 A-Rod。當然比賽一結束，A-Rod 也立刻變成了 K-Rod，這樣的消息，你知、我知，我那位 A-Rod 學生當然也知道，因此隔天當我走進教室的那一刻，我便聽到了一句話大聲喊出⋯⋯

Teacher! I'm not A-Rod. I'm K-Rod.

此時的我已經捧腹大笑了，但還是先噓了他一聲！為他今年的球季畫下完美的句點！但隨後我便立即豎起大拇指給他個讚，因為這個讚是他不但大大方方的開口說英語，而且竟然將英語用得如此生動活潑，馬上就把最新的戰況給 update 了！而此時的 Jeter 表現出一副垂頭喪氣的樣子，畢竟身為隊長的不能帶領球隊進入世界大賽，心情差當然也可想而知了！

不過這兩位學生立刻打起精神，告訴我他們即將有一場棒球賽要參加，想要邀請我去觀戰，但他們並不知道該如何來描述這一切，因此，A-Rod 就立刻走上前，拉著我的手帶我走到窗戶旁，並將手比向球場，用手做出打棒球的手勢，比手畫腳老半天，接著把手指向我，並說了句："Teacher, you come, ok?" 多棒啊！手語用上了，英語也說出口了，我立刻點點頭的表示了解，回了一句簡單的 ok ok！

可是時間、地點呢？我便兩手一攤丟了句 When? 這下好了，這兩位同學開始比手畫腳起來了，因爲他們還沒學到月分的英語單字，這時你會看到全班的感情有多麼好，全班正在集思廣益的共同討論，怎麼來告訴我比賽在幾月幾日。頓時間，用手比的、拿月曆的通通都跑出來了，最後不行了，A-Rod 和 Jeter 就一起走到黑板上，把比賽的日期與時間寫在黑板上，這下問題通通得到解決，但我怎能放過這千載難逢的好機會呢？我便立即把一到十二月分的英語單字，順勢教給學生們，也告訴學生們該如何正確的來講述日期！

在清楚了解比賽日期後，眞心不騙的答應他們一定會到場加油。到了比賽當天，我帶著興奮的心情，準備好參與這場特別的球賽，當學生看到我來到球場。開心極了，明知道我不會說國語，卻也拉著我比來比去的，向我介紹東認識西的，我也立即的把正確的英語說法告訴他們，雖面臨著即將上場比賽的志忑心情，倒也用心的和我在那裡複誦著教給他們的英語，一分打點，短打……等，當下的我們不太像在台灣球場，反而有置身在外國球場的感覺，所聽的、所說的，都是在遇到我這位「假香港人」後，頓時間全變成英語了！

當他們上場打球，我就發揮那球迷該有的水準，在一旁大聲的加油，有時一個眼神、一個手勢，都能給即將站上打擊區的學生莫大的信心，你能相信嗎？這場比賽這兩位學生的表現，眞的就跟現實中的 A-Rod 和 Jeter 一樣，Jeter 比賽中擊出五支安打，其中包辦三分打點，而 A-Rod 呢？沒呑老 K 啦！他擊出了兩支安打，其中包括一發陽春全壘打，這樣的表現不就跟美國那兩位的表現一樣嗎？Jeter 擅長打安打，而 A-Rod 是標準的重砲選手，這名字還眞

會取，取得恰到好處。終場，兩位學生所代表的校隊，就以 18：0 完封了對手，我自己心想，有這種「豪華的鑽石打線」還會輸嗎？

教育的場域，絕非只有死板板的坐在教室裡，才得以發揮最大的功效，只要老師肯教，學生願意學，到哪都是學習的絕佳場所，在球場看到什麼就教什麼，也可以快速的學習！教育的本質與目的，絕非只侷限在「教知識」而已，這天的球賽，少了老師與學生間的隔閡，多了一份朋友間的情感，這樣的心靈交集，相信更是所有為人師最希望達到的期望，「與學生當朋友」！

當時，在這間學校與這個班級任教不超過 100 天的我，不但有幸受邀參與學生的棒球比賽，更與學生共同分享了勝利的果實，心中那份感動與歡喜，又有誰能比我更樂在其中呢？

這場球賽，少了僵硬、刻板化的課程，沒有進度的壓力，多了老師和學生間最真實的互動與感動，在歡笑、汗水以及加油聲中，交織在和煦的下午，誰說老師一定要請喝飲料、買披薩物質化，才能收服學生的心，有時透過簡簡單單的一場最真實的球賽，此起彼落盡情的吶喊加油聲中，就可以傳遞那份最真摯的情誼了！就我和學生而言，這也正是一場跨越語言的棒球賽！

我想，老師不僅要懂得如何「教學生」，還要學習如何與學生「交心」，更重要的是要懂得如何和學生相處，才真正是教育得以細水長流最重要的原因吧！

考試慢點再考，行嗎？

《三個傻瓜》是一部率真、寫實的印度電影，我不知曾經感動過多少台灣教育體制下的你，但我因為這樣的一齣電影，流下無比感動的淚水。看過電影的人，對蘭徹、法旺、拉朱、消音器與病毒教授這些角色一定都不陌生，但我們可曾細細的想過，在台灣有多少的「蘭徹」，有多少的「消音器」，相信在台灣這樣的教育體制下成長的我們，大部分應該都是「消音器」而非「蘭徹」吧！

這部電影裡，有一個非常重要的關鍵字MACHINE（機器），其中「消音器」就是機器最好的代表，老師心中標準的好學生，不但可以完整背出機器的字面定義，更是考試的常勝軍，而這樣的學生不也正是台灣教育體制下「好學生」的模範嗎？那這樣到底是「好學生」還是「好機器」啊？曾經有國小三年級的學生問我……

老師，你從幾歲開始學 ABCD 狗咬豬（台語）的啊？
國中啊！
吼！那為什麼我們從國小開始就要學英語啊！你們好好喔！國中才要考英語，我們三年級開始就要考英語了！
（註：當年小學生的英語課程是從三年級才開始的）

簡單的對話忠實地反映出，現今學生學英語最大的問題點與癥結點，考試！

因為要考試，所以覺得提早學英語是件苦差事！

因為要考試，所以不想學英語！

因為考不好，所以討厭英語！

因為討厭英語，最後就放棄英語！

沒錯，我這個七年級生的年紀，很多幾乎都是國一才真正有英語課程，伴隨著全球化的腳步不斷加速，也讓我們的學生提早六年學習，直到現在的國小一年級開始就有英語課，更因應十二年國教的落實，進而全台灣跟隨著學習的旋風，從小學一年級開始，就把英語納入正規的學習課程了。

以前國中開始學英語，因為考試或學不來等種種理由，上高中前就放棄學習英語，現在更是提早近六年，是不是也會有學生因為同樣的挫折，在還沒升上國中前就放棄英語？依現行的語言教育方針，依此類推的結果，很快地，就有另一批學生要提早跟英語 SAY GOODBYE 了！

這樣的初衷與理想，是想贏在起跑點還是輸在中途點上？

我們的教學為什麼一定要跟考試綁在一起呢？這不就像是共犯結構一樣嗎？台灣的教育體制在經歷這麼久的洗禮後，還是不能清醒？曾經因為聯考，考到學生跳樓自殺，後來又有推甄，搞到學生非補習不可，又因為要在第二階段的口試拿高分，甚至是做出一份足以鎖在保險箱裡，當作傳家寶的「備審資料」，搞到學生不僅要應付學校的學科考試，還要在課後時間學習各式各樣五花八門的才藝課程，只為了準備在面試時，完美呈現給評審老師。我們是在考試？還是在應徵演藝人員啊？又到底是「多元化學習」，還是「多錢化學習」？有錢的，動輒花上千元時薪聘請小提琴家教，只為了

要精進才藝，有可能因爲這一個項目的加分，就可以考上頂尖大學，那沒錢的怎麼辦？自認倒楣啊！誰叫你投胎時沒有睜眼好好的排隊，想要搶得先機，結果選錯父母！是這樣嗎？當然不是如此！

說了這麼多，有哪一項、哪一點不是跟考試綁在一起？如果語言的學習是因爲要考試，進而影響學生的學習興趣與熱忱，那語言的教學，就注定要徹底的失敗了！

當初政府的德政，實施國民九年一貫國民義務教育，甚至是目前的十二年國教，都有其相當的美意。但就我對英語科目提出自己的淺見，如果把英語提早到國小一年級就開始上課，能否請我們的決策者，把英語的考試往後延呢？若有可能，可否小一到小六通通不考英語，學生如果會因爲考試，而害怕學英語，那我們就把會讓學生害怕的因子拿掉，不再因爲要考試所以害怕學英語，不考試是否等於不怕學英語，既然不害怕學英語了，不也就同時增加學生喜歡英語的籌碼嗎？

我們的英語教學，不斷的提早再提早，結果近年來大型國際英語測驗，結果還是敬陪末座，是我們不夠積極嗎？看起來也不像是如此，但許許多多的大考、小考，體制內、體制外的，還是讓學生們因爲在不斷的考考考當中，考掉了原本想學習的動力與信心，進而否定自我的學習能力。

既然要提早把英語教學拉到小學一年級就施行，何不把在國小這六年，當作是英語能力的培養階段，我們可以透過各式各樣的方法與教材，來協助學生認識英語，進而歡歡喜喜、快快樂樂的學英語，而最重要的前提就是……不考試！

學校的老師盡可能地營造一個全英語的上課氛圍，哪怕學生說錯了、英語用錯了，都沒關係，因爲不考試，沒進度，可以陪著學生慢慢練習，即使沒有課本都無妨，也可以透過看卡通來學習啊！卡通對小學生有多大的吸引力！你可曾想像過不會英語，卻可以一整個下午坐在電視前，看著英語卡通哈哈大笑。又有多少學生看不懂日語，卻可以坐在 PS3 前面，從早到晚的捨不得移動臀部的打電動，這些小學生的日語有很厲害嗎？或者，我們上英語課的主題，就是一場現場實況轉播的洋基與紅襪世仇大戰，不過聽到的轉播，無非就是現場的英語轉播而非台灣的球評！又或者當學生一大早掃地時，聽到的不是枯燥無味的英語教學 CD 片，而是 LADY GAGA 或是更熱血的英文歌曲，如此下來，我們的學生還會害怕學英語嗎？

　　上述這些方法，再加上不考試，學生們還會討厭上英語課嗎？相信所有的學生肯定都愛死英語，而且上課的氣氛再也不會死氣沉沉的，鐵定HIGH爆整間學校。就六年，我們善用這六年的時間，徹底的培養學生對第二外國語的興趣，上述的這些方法，沒辦法學習嗎？若你覺得是，那你就大錯特錯了，因爲我親身實驗過，在我當導護老師時，把掃地時間的晨間教學 CD 片，換成 LADY GAGA 的音樂，頓時間，整間學校立刻活起來，連掃地的動作，都因爲音樂的快節奏而提早完成！不僅如此，一個二年級的學生，因爲聽久了，開始跟著唱起來了，他有上英語課了嗎？沒有，可是聽著他口中哼唱的，卻是不折不扣的英語歌！

　　用六年時間來建構、養成對於英語聽與說的能力，學生不但對英語卸下心防，而且獲得正增強的能量，他們反而覺得英語哪有難？英語好玩得不得了！等到國中，我們再給學生們結構式的英語

教材，我相信這時的學生已經養成不怕英語的能力了，因爲不怕所以願意學習，若因此考出理想的成績，進而獲得高學習成就，那我們的英語教育，不也就功得圓滿了嗎？在台灣的體制下，學習的最終目的是爲了考試，哪怕再討厭、再不願意，爲了要考出好成績，還是得硬著頭皮拼下去，但英語學習是要靠時間的不斷累積，反覆的口語練習，才能眞正學到英語的精隨。直到今天，台灣還是有很多英語考試的高手，說話的啞巴！但卻有更大的一群人，非但不是英語學習的急先鋒，反倒因爲考試成了提早死在半路上的冤大頭！

別讓考試成為英語學習的絆腳石，我們如果能用六年的時間，2190 個日子，來養成學生一輩子對英語學習的興趣，這樣好的投資報酬率，何樂不為呢？英語教學可以提早，但考試呢？可以慢點嗎？

學英文，猜，就對了

起立，敬禮，老師好！

各位同學大家好，請坐，現在把英語課本拿出來，翻開第一課，第二頁！

我們今天要教的是⋯⋯

請問你，當你看到以上這段時，你知道現在要上的是什麼課嗎？沒錯，是英語課！可是你可曾注意到上述這段開場，一個英語字都沒有，這樣是在上英語課嗎？答案是肯定的，而我也相信有很多老師在上課時的對話就是如此！

學國語，老師當然講國語，教數學，就得教算式，但台灣的英語課，很多都是國語多過英語，請問你，到底是在上英語課還是上國語啊？

可是說英語學生聽不懂啊！當然聽不懂！聽懂了就不用教了！那學生聽不懂怎麼辦？告訴你，讓學生猜，猜，是學英語不可或缺且相當重要的元素！

請試著把時光拉回到幼時牙牙學語的時候，常常看到有個人不厭其煩地手指著自己比劃著，口中不斷的發出聲音說「叫『爸爸』或『媽媽』」時，你有任何的概念嗎？什麼是爸爸，什麼是媽媽？答案肯定是沒有的，但你卻會不間斷的聽到且看到這樣的手勢、詞彙一直重複著上演，直到你開口說出第一句的爸爸或媽媽時，有人

會感動到流下高興的眼淚，並大聲的說「會叫爸爸（媽媽）了，我的小孩會開口叫爸爸（媽媽）了！」，那會有人告訴你爸爸與媽媽的概念嗎？還是沒有，可是你卻學會了開口說爸爸與媽媽，我相信這就是我們每個人學母語的過程。

隨著年齡增長，我們學會的語彙就更多了，但我們對很多東西還是沒有概念，因此，猜，就變成相當重要的因素，當你聽到人家叫你去「拿筆」時，你可能會因為筆的旁邊，多了個杯子，而誤把杯子當成筆拿了過去，但當對方搖搖頭時，你是不是就可以知道你拿錯了，原來另外那個才是筆，這不就是透過不斷的猜與錯誤的修正，來達到學習母語的基本要素嗎？先透過猜拿起了杯子，再經由錯誤學到了哪個才是筆。

或許你覺得上述的例子，在現今看來好像簡單到可笑，可是對當時完全沒有任何概念的你而言，是得經歷多少錯誤，才學會的經驗，因為不懂才衍生出猜的舉動，大家或許可以認同這個概念，那為什麼轉換到教英語時，這套方法就被否定了？

第一，英語不是我們的母語，對我們而言，不過就是個第二外國語。
第二，我們已經有國語的概念，因此所有的英語，幾乎都要透過國語翻譯，我們才能懂，但這樣就不是學英語，而是國語會學得比英語還要好！

話說我在國小代課，從我踏進教室那一刻起，國語就消失了，我可以花幾分鐘的時間，讓學生反覆地做 stand up、sit down 這兩個動作，從學生完全沒概念開始，我先講出 stand up 讓學生去

猜，猜我到底想表達什麼，真的沒反應時，我再親自做一遍，讓學生可以跟著我做，stand up 做完了就換 sit down，用同樣的方法把 sit down 這個動作再操作一遍，雖然過程是相當費時，當學生因為這一大段猜的過程，可以把這些概念牢牢地記住，為什麼這樣的方法，身為老師的你，不願意試著去做做看呢？

浪費時間消耗精力，我相信這是多數人不願意去做的最大原因，stand up 就是起立，sit down 就是坐下，明明兩句話就解決了，為什麼要花這麼冗長的時間來做練習，目的很簡單，只為了不靠國語來教英語。

如果你一直依賴你信任的母語來幫助你學第二外語，那你不是在學第二外語，因為此時的你還是在依賴你的母語。

這點也就是我為什麼要編造故事，對學生說我是香港人的最大、最主要的原因，就是要徹底改變學生對「會有國語的意思或解釋」的預期心理，如果我進教室第一天的對話，是和首段的情景一樣的話，相信未來的我，也必定踏入用國語來上英語的後塵，因為學生已經知道你會說國語，就會期待你用國語來解釋，他們聽不懂的英語，但這樣一來，就完全沒有「猜」的過程了。

因為我的不說國語，逼得我所有的學生上課，要非常認真地聽課，因為他們要了解，我到底想要表達什麼？希望他們做什麼？遇到不知道的，所有學生便開始「猜」，反覆的猜，直到猜出正確的意思，往往學習就在這樣的情況下自然產生，如果我說 take out your book，說完後，我就接著用國語說一遍「把課本拿出來」，那你會聽到的是英語還是國語？當然是國語，因為你聽懂了，聽懂就

不用猜！但我的學生就因爲沒聽懂，也等不到後面那句國語，因此逼著他們不得不集思廣益，到底什麼是 take out your book？當你看到學生在猜的這個過程，你一定會覺得會心一笑，明明可以很快的把意思用國語說出來，但就因爲堅持，學生無法透過他們熟悉的母語，而是眞正透過「猜」，來幫助他們學習一個完全陌生的英語。

這就是所謂的直覺式英語，長久以來過度依賴國語上英語課，導致學生碰到外國人問一句 "How old are you?" 時，都得先將這個句子丟回到腦子裡，逐字翻成國語後，再想想怎麼把國語的答案翻成英語，這一來一往，等到要回答時，可能已經過了兩分鐘，當學生已經習慣聽到英語，就用英語去思考的話，那就可以不靠國語，這也正符合當初空中英語教室創辦人彭蒙惠老師，發行《大家說英語》以及《空中英語教室》這兩本雜誌時，最根本的初衷，她希望學英語的人都可以「用英語思考」。

或許學生在猜的過程，還是會先依賴腦海中的國語，協助他猜出英語的意思，但這樣一個猜的過程，卻是養成用英語思考最不可或缺的途徑。沒有預期會聽到國語意思的心態，使學生更大膽地去猜老師所想表達的意思，這樣的過程老師扮演著相當重要的角色，也許老師看到學生猜得很辛苦時，就會想放棄的把國語說出來，只要國語一出立刻就破功了，或許麻煩，又或許辛苦，可是你可曾想過，當你一個人隻身在國外工作或唸書時，當路人問你話或遇到你不會的英語時，會不會有個聲音，從耳後告訴你國語的意思？我相信是沒有的，而這時的你，爲了理解，不也正在做「猜」的這個動作嗎？

學英語難嗎？不，就從「我猜 我猜 我猜猜猜」開始吧！

給台灣的英語老師多一點掌聲吧！

　　外國老師，這四個字對英語補習班或是英語教育而言，彷彿就是招生的金牌保證，以及學英語的不二法門，2001 年當我在補習班教課時，出現聘請外國老師到補習班上課的旋風，幾乎所有的連鎖兒童美語補習班都會想盡辦法，讓外國老師出現在自己的補習班，目的很簡單……招生的金字招牌！

　　當金髮碧眼的外國人，站在自己的補習班門口時，彷彿一塊大磁鐵一樣，能把所有的家長通通吸過來，家長心想，如果孩子能夠跟土生土長的外國老師學第二外國語，當然可以學到標準的發音和語調，例如：想學到道地的美式發音，可能需要借重美國籍或是加拿大籍的外國老師，想學英式發音的英語可能需要找英國籍的外國老師，可是當大家一窩蜂需求外籍老師的同時，您可以想想，全台有多少補習班、多少學校需要這些人？但外國老師人數才多少？夠應付這樣的需求嗎？肯定不夠的，更別說想找到多少真正的美國人或英國人了！

　　台灣的補習班或學校在聘請外國老師時，幾乎都會給予相當優渥的條件與薪水，例如時薪 650 元起跳，隨著南北差異，有些行情較高的區域，甚至是一個小時 1000 元都有，因為他們是外國人，行情當然好，也是招生的保證，業者當然願意捧大把鈔票來聘請外國老師，家長往往也是知道哪裡有外師就拼命向那送去，什麼學歷、背景、教學經歷？頓時間好像也沒有那麼重要了！

有著標準發音的外國老師，當然可以在學生的學習上，扮演著如墊腳石般的角色，但就因爲需求大過於供給，導致很多學校或補習班，紛紛聘請非美系或英系的老師，不論是什麼國籍，只要「長相像外國人」就照單全收，哪怕發音有再大腔調上的不同，或是發音再不標準，WHO CARES? 家長往往要的不過就是「一張外國人的臉」！

　　因爲有需求，外國老師一夕之間成了票房保證與市場寵兒，各位親愛的家長，當你們看見這些外國老師時，您可曾眞正想過，孩子有因爲這些外國老師，而眞正吸收到國外教育的精髓嗎？有些補習班爲了讓家長看見有安排外國老師來上課，要求外國老師必須在上課前的半小時，或下課後的十五分鐘站在門口，迎接家長或是送小朋友下課，好讓家長感覺到，花的每一分錢都是值得的。您知道嗎？有很多外國老師在同一間補習班裡，只需要到各班去跑堂，有時候出現在每個班級的時間只有十分鐘甚至更少，十分鐘能上多少課程？因爲黃金的十分鐘，就可以稱爲「我們有外國老師上課」！但外國老師最常與學生的互動是什麼？玩遊戲，您相信嗎？眞的有外國老師只靠一顆 STICKY BALL（註：STICKY BALL 就是所謂的吸力球，文具店都買得到）跑遍台灣的補習班，就靠一顆吸力球在教室丟來丟去，一堂課就這麼丟完了，然後就等著坐領高薪了！

　　同樣英語課的丟球活動、遊戲，如果是中籍英語老師在課堂上這樣做，鐵定被家長大聲斥責……

　　爲什麼課堂上都在跟孩子在玩遊戲，不是應該要上課嗎？要丟球，我帶回家丟就好了啊！

可是當家長看到外國老師在丟球時就會說……

哇！好棒喔！我的孩子跟外國人可以互動耶！果然有效果！真好真好！

各位家長，請別讓先入為主的觀念，影響您對事情的判斷，同樣一件事情，兩種不同身分的人做，就有著天壤之別的褒與貶，這樣對嗎？

以前曾經流傳著一個笑話，只要把外國乞丐臉上的鬍子刮乾淨，換上帥氣的西裝或襯衫，再灑上一點迷人的古龍水，來台灣瞬間變成了能夠賺錢的金童兼金雞母，因為他們的身分立刻變成──外國老師。這個笑話我相信很多人都聽過，也都討論過這個議題，但為什麼會造就出這個笑話呢，也許是台灣的家長過度依賴且信任外國老師的後果吧！

說到這裡我必須強調，台灣還是有許多相當認真教學的外國老師，不僅在備課上、教學上都非常認真，而且對待學生也是相當有愛心，我並非否定外國老師的定位與貢獻，但曾經有多少外國老師，因為酗酒、打架、鬧事、吸毒甚至性侵害，而登上新聞社會版的版面，我想就無需我多加贅述了！

反觀台灣的中籍英語老師，無論是在補習班或學校，做得再好再辛苦，薪水鐘點費永遠追不上外國老師，因為沒有金髮、藍眼嗎？我的觀點是，中籍老師的薪資結構，應該要高於外籍教師才對！為什麼？您可曾想過，教導我們下一代的中籍英語教師，是在我們這片土地上土生土長，受著同樣教育背景成長，進而擔任現在

給台灣的英語老師多一點掌聲吧！　　123

一段 520 公里的感動

2011 年的暑假，適逢學校的聘期約滿，也正處於找尋與轉換新學校的空檔，又加上在世界管樂年會期間，擔任了市長的隨行英語翻譯，雖然忙碌倒也覺得格外充實，但在這一年讓我覺得格外有意義，充滿著感動的，竟是一趟來回 520 公里的台東行。

從我在松山國小教課開始，因為接觸到了偏遠學校的義務教育，讓我對偏鄉學校的教育，更多了一份不同的感觸，當我知道嚴長壽董事長（註：前亞都麗緻飯店總裁嚴長壽先生現職為公益平台文化基金會董事長，嚴董事長現在也投入許多時間和精神在協助花東地區的孩子們）暑假期間會在台東針對較弱勢的學生，舉行英語營隊及活動時，就寫信詢問嚴董事長相關事宜，我非常希望屆時可以去一趟台東，體會一下更不一樣的偏遠教育。經過一段時間後，嚴董事長請公益平台文化基金會的執行長聯絡我，不僅邀請我到台東，更把相關的活動內容都寄給了我，這樣的消息對我而言，無疑是相當興奮的。

七月中，結束了一連串世界管樂年會的相關活動後，我便立刻動身前往台東，一路從嘉義開著車，經過屏東、南迴到了台東，沿途美麗的風景、蔚藍的海岸與一路相陪的好天氣，正讓忙碌了好一陣子的我，享受了一段優閒的時光。

幾個小時的車程，終於到了此行的目的地——國立台東教育大學，抵達活動會場時，前來接待我的竟是一位來自台北的「醫

用熱情造就心中那片教育森林　　126

生」。別懷疑，絕對不是因為我長時間開車，引起身體上任何不適的問題，而是這位張醫師，是協助此次英語營的其中一位老師，心想，一個台北醫生，怎麼會跑到那麼遠的台東，只為協助英語團隊啊！與她閒聊的過程中，非常好奇她的背景，經張醫師自己的敘述，了解到她是一位家醫科的醫生，知道偏鄉的學童需要更多資源，來幫助他們學習，當她知道有這樣的活動後，二話不說地投入這個工作。

醫生，一份在人們眼中高尚的職業，一輩子不愁吃穿，金字塔頂端的工作，是丈母娘挑女婿、嫁女兒的第一首選，更是每個人眼中的活菩薩，擁有此等工作與身分的人，都能如此的奉獻自己，讓遠道而來的我，更加佩服與感動不已。

當張醫師細心地向我介紹了營隊活動的細節與內容後，頓時間我覺得這些台東的學生好幸福，怎麼說呢？在台東教育大學辦的活動有兩個，一個是「英語營」，另一個則是「藝術營」，英語營的小老師們，幾乎都是來自美國名校的學生，有 ABC，也有回來過暑假的，而藝術營的指導老師們，有些是雲門舞集的團員、劇場的工作者，還有朱宗慶打擊樂團的老師，這樣的黃金夢幻師資陣容，就是在台灣的西半部舉辦活動營隊，都不見得可以請到如此超優的師資，在嚴董事長的協助與安排下，這些黃金夢幻的師資陣容，就這麼不辭千里而來的投入到台東。

如此的師資與陣容，在花東地區是絕對必要的，這裡的孩子，他們在先天條件上，已經落後西半部孩子不少，應該用更好的資源，來彌補他們先天的不足。台灣的軟實力絕對是不容忽視的，居住在台灣的後山，這群單純、天真的花蓮、台東孩子，總會有機會

上課環境，許多的文具、教具……等等，幾乎都是從美國直接空運過來的，無疑的就是要讓這些學生感受到，最原汁原味的美式教學與教育。

幾天的活動下來，不僅參觀了兩個不同年齡層的英語營，更幸運地參與了藝術營的結業典禮，活動當天有多位貴賓不遠千里的前來參加，就連孩子們口中的「周老師」馬前總統夫人周美青女士，也到場為所有的孩子加油打氣。經過幾天活動的學習後，這群孩子於結業式這天，透過戲劇表演、歌曲演唱，充分展現他們與生俱來的長才，讓我們感受到他們的軟實力。

隨著活動的結束，我踏上歸途返家，路上除了山與海相伴外，還有心中滿滿的回憶和感動，原來在我們的社會裡，還有這麼多有能力的人，肯為弱勢孩子們默默付出，現今功利主義當頭，一切在金錢與權力掛帥的台灣社會裡，仍有一股股的暖流湧向了我們的後山，有陳爸和書屋的老師們、有這群名校的學生、再加上熱心的志工家長們，彷彿給了這群後山的孩子，最堅強的教育後盾。台灣要在世界上發光發熱，靠的絕對不是銀彈的攻勢，有時最簡單的「人」與「熱情」，就可以讓台灣在世界上佇足並且受到重視，如何讓後山的孩子們，擁有更多的資源壯大自己，靠更多的軟實力本錢，讓台灣在世界發光發熱，我想這才是我們政府與社會大眾，更應該關心的議題。

從台東回到嘉義，儀錶板的 520 公里，代表的絕非單純的里程數而已，這其中也包含我此趟行程，滿載而歸的體會與感動！或許平常的您忙於工作，若您願意來一趟花東之旅，或是在旅行的途中經過台東，您可以順道拜訪「孩子的書屋」，相信一定會為您的旅

途增加一份最真心的感動！

請上網或 Facebook 搜尋：〈孩子的書屋〉或〈建和書屋〉。

註：陳爸——陳俊朗先生於 2019 年 7 月因病不幸離開了這群孩子，
　　但我想祂一定會用另一種方式，在天上眷顧著這些需要幫助的
　　未來希望！

現在的書屋，也由陳爸的兒子陳彥翰執行長接手，並打造 2.0
版孩子的書屋，更讓陳爸的這份愛延續下去！

趨熱絡，經驗的分享與傳承，讓他們對自己的未來有更多的期待和想像，英語考試的分數，也就不那麼重要了！

讀書，絕對不是人生中的唯一，面對一群來自不同環境的學生對象，老師得想方設法的，引起學生的學習動機，任課的科目也絕對不是課堂上的必然選項，面對一群不愛唸書的孩子，若能透過各種方式的引導，把這些孩子的品性與品格教好，何嘗不是為人師重要的課題，如果學生不愛唸書，那就教做人吧！

因爲你，我想當老師！

　　熱情可以感動人，如果自己有一份對於教學的熱忱，可以感動學生，進而讓學生的未來，因爲這一份感動，而想從事教職，這絕對是我教書生涯最窩心、也是最難忘的鼓勵。

　　因為你，我想當老師！想當一個像你一樣的老師！

　　這句話是我當初在雲林縣義峰高中任教時，一位就讀於應用外語科，成績總是班上前三名的資優學生所說的。說起這位學生 Karen 凱倫，應該稱得上是品學兼優、內外兼具的好學生，當年我教到他們班時，正是高三的那一年，對於高三的學生而言，準備升學考試，考進心中理想的好學校，無疑是人生的首要目標，除了上課以外，我也會與他們分享許多考試與未來的人生規劃。

　　應該沒有人想在上主科科目英語課時，坐在教室第一排的吧？但凱倫總是會在英語課就坐到一排，就是講桌正前方的那個位置，起先我以爲是因爲班上座位安排的關係，後來才知道，凱倫只要是上英語課，一定會與同學換座位，目的很簡單，英語是她最感興趣的強項科目。

　　很快的，從上課的互動與測驗中，可以發現她的英語程度，在班上同學中是優異的，我上英語課時，除了課本內容外，只要遇到可以與學生分享的議題，甚至是當下國外所發生的事件，可以與課本內容產生連結的，我一定會額外說明補充，因爲英語的學習，

利用 POWER POINT 投影的方式，把我造訪過的國家以及所拍攝的照片外加生活點滴，用分享的形式，帶著學員「出國」，只有我的獨角戲當然不夠看，我也要求學員將自己出國的照片拿出來做分享，這些分享的過程，幾乎都是英語！大家分享的國家橫跨歐洲、亞洲、東南亞，簡直就是旅遊節目的翻版！這時的學員還會怕英語嗎？不但全聊開了，氣氛也處於一個接近發燒的狀態，看見學員們這樣的反應，我的心情是相當激動的。

三個月的課程很快的邁入尾聲，結業式在課堂裡嗎？當然不是，我把上課地點拉到餐廳，讓學員真正上戰場，用英語來點餐，這時，大家已經開始「搶」著說英語了！學員也利用這結業式的時間，分享他們這三個月來的心情點滴，最多人的體會竟是萬萬沒想到這變成了一門吃喝玩樂的英語課了！哇……我還真沒想到吃喝玩樂這麼有效！但雖如此，他們轉變學習的心情，由當初的害怕到如今的「搶」著說英語，看見他們的轉變，我比誰都高興！

我的高興，絕非來自他們說出多艱澀的英語，而是那股轉變心情的學習態度，學習已經很累了，要這些「大」學生願意且開心學習，是一件多麼困難的事情啊！但我不放棄並且不斷地調整再調整，只為了替他們找回最初，對學習的那一點熱忱與感動，過程辛苦嗎？Of course not. 因為這些日子的相處，我不但多了好多「大」學生，也交了許多好朋友，更從他們身上學到許多寶貴經驗，我想這就是教學相長吧！

隨著台灣的高齡化，成人教育已經到了非正視不可的地步，成人教育固然重要，但怎麼讓成年人，將學習興趣的這把火，繼續延燒下去，我想比教什麼都來得重要多了吧！

樂活且好學不倦的雲雀姐

　　這篇故事的對話內容，請您盡可能的用台語或是台灣國語來唸，英語的部分，就請用台式英語發音，因為這樣才能忠實呈現這位——雲雀姐。

　　活到老，學到老，我相信是很多人對自己人生的期待與努力的目標，這篇故事的主角——雲雀姐，就是最好的例子。雲雀姐是我在第一次上成人英語課時遇到的學生，她是成人班學生中最年長的，這個年紀當我的母親肯定是綽綽有餘的，她的好學不倦與對事情的樂活態度，在我的教書生涯中，是非常難忘的好學生！

　　第一次接觸成人英語會話班，心情是格外的緊張，為了怕遲到，當天早早就到教室準備，靜靜的看著上課的講義。隨著上課時間接近，學員陸陸續續地進入教室，或許是我一張 baby face 看起來像大學生，學員入坐後，便聽到窸窸窣窣的對話，對話內容差不多都在問「ㄟ……前面那一位是老師嗎？」隨著疑問的次數增加，我忍不住的開了麥克風說：「對！你們別猜了，我就是上課的老師！」這麼一說解決了大家心中的疑惑。

　　到了上課時間，當我準備要站起身上課時，突然教室門一開，就聽到有人說："Sorry, everybody, I am late." 接著便坐下來，之後又大聲的問了一句……

　　啊～老蘇（師）咧？老蘇（師）還沒來喔？

業的艱辛，希望在自己有點能力之餘，可以做個手心向下，懂得奉獻的人！土伯班長正是 Be a giver! 最好的典範。

　　一個班級有一位這樣的精神領袖，讓班上的向心力與凝聚力更是無比團結。幾年的時間積累，我的班上因爲有土伯班長與夫人在，學生人數是一年比一年還要多，而這一路走來的學員，我們已經從師生關係進階到如同家人一般的相處著，只要是我提出的任何想法，土伯班長總是登高一呼全力相挺，學員們更是跟隨其後，有這樣的精神領袖在，我們這個團結且高度凝聚力的班級，我們的故事還會一直繼續寫下去的！

　　現今社會氛圍，隨著價值觀的改變，已經讓人與人之間的關係，越來越遠也漸趨冰冷、功利，鮮少有人在功成名就之後，願意當個手心向下的給予者。在土伯班長伉儷身上看不到炫富，更看不到高傲與不可一世，有的是滿滿的熱情與溫暖，希望在各個領域能有更多如土伯班長般，有溫暖且凝聚人心的精神領袖，讓這股熱情感染更多樂齡長輩們，也讓學習更有意義！

熱血的社區大學

　　在台灣，若提到高齡教育就會想到社區大學，所以社區大學絕對是一個非常重要的學習場域，歷經過十幾年的成人教育，感受到長輩們對於學習的熱情，更驅使著我朝這個方向來從事教學，當我確定要進入到社區大學的體系任教時，我就想，如何把英語課程變得更有趣，更符合長輩們的需求！

　　我在高中時，就讀過觀光相關背景，自己也在 2017 年通過國考，成為外語國際領隊。觀光英語是我在社區大學的教學主力，一方面分享旅遊大小事及豐富的旅遊知識，因為有這些的誘因，讓我一開課就滿班，迎來一群熱血的學員。

　　一門「觀光英語 FUN 鬆學」的課程，主要在教授觀光旅遊時所需的食衣住行遊購，乃至出國旅行參觀的各式各樣教堂，都成了上課的素材，來自四面八方、各行各業的學員，都融入在這歡愉的上課氣氛當中。

　　這樣的上課內容，勢必引起大家高度的學習動機，但是社區大學的架構，除了學習知識之外，大家也可以有機會互相交流與結交來自不同領域的朋友。不同的學經歷背景，造就在上課當中不同主題的分享，不論是求學或是創業的點滴，這堂課儼然就是一門富含人生哲理的知識寶庫。

　　學員對上課有興趣，無非就是對於老師最大的回饋，學員很

引導這些孩子找尋屬於自己的一片天，搭建一座屬於自己的舞台，展現自己的專長，看似簡單，有時要做到實屬不易。

　　身處在都會區的老師、學子們可能都會想，反正都有上安親班、課輔班或是去補習，上課聽不懂沒關係，家長們自會安排各式各樣的家教老師或是找尋口碑優良的補習班去做加強。我是教育工作者，也曾在偏鄉服務，在午夜夢迴時，我都在想著偏鄉、弱勢或社經地位低的孩子們下課後在做什麼？忙家務、忙著嬉戲亦或在苦惱課業不會寫；上課後輔導、補習就成了他們最大的痛點，也凸顯教育現場的老師會對這群城鄉差異的孩子造成多大的影響了。

　　"Leave No One Behind" 是北歐國家芬蘭最成功的教育方針與宗旨，無疑的，芬蘭的教育，堅持著平等、一個都不能少的精神貫穿其教育改革的脈絡，亦是促使政策成功的教育核心價值。當其他國家追求施行菁英教育時，芬蘭卻反其道而行，絕不標榜菁英，堅持每一個小孩公平受教，從制度設計到資源分配，芬蘭讓教育從平等出發，而非帶有程度區別與階級色彩。如果，教育現場的老師可以多一點熱情，多一點付出，就能如同芬蘭的教育一樣，重視到學生真正的需求，補足後段孩子的困乏，進而不落下任何一個後段的孩子。

　　不放棄學習慢的孩子，更不犯下排名與資優的大忌，我想是芬蘭教育最成功的心法。沒有人可以選擇自己的出生，更不能讓階級複製到教育，我從沒看輕過我所任教過的任何一個孩子，哪怕再差的孩子，我都覺得他是優秀的，學得快的，跑在前面的孩子一點就通，但是跑在後段的，我們更不能放棄。我曾經在嘉義縣的柳林國小改變了考試的方式與內容，無非就是想建立後段孩子的信心，讓

他們相信自己也是可以進步，可以更好的。

這樣的作法，我希望可以把最多時間花在因材施教與個別差異，「把學習慢的孩子教會，把後段的孩子教好」這件事情上，我寧可讓學得快，跑在前面的孩子等一等，也盡可能不讓後段乃至於學不會的人繼續不會。任職於柳林國小那幾年，我沒有趕進度的壓力，堅持要等全部人都學會，才繼續教新的課程，甚至於改變考試的範圍，只因確保所有考試內容，我都已經教過了，不讓老師沒上完卻要考試這件事情發生，成了孩子還需要去補習的理由與夢魘，因此我才不斷期盼，快樂學習是需要的！考試可以慢點再考，成績不是未來的一切，行嗎？

回首這 24 年一路所走過的每一個教學現場，我真該慶幸自己不是以一個準公務員身分的正式老師在教育現場任教，也可能因為如此，才讓我沒有包袱的，可以做任何自己覺得有益於學生的發想與改變。教育是需要紮根且需長時間才看見成果的工作，這份工作絕非如短跑一般的奮力衝，反倒像馬拉松般需要懂得如如何配速、韻律呼吸及耐力，維持這份教育工作所最需要的能量是堅持，是熱情。曾經，因心中的那一份堅持與熱情的心，伴我走了 24 年的教學歲月，如今誠摯地邀請您，不論是否從事教職工作，讓我們一起用熱情、真心、善良與美好的心，造就每一個人心中那片教育森林！